心理学与
人性的弱点

关注内心世界　探寻问题根源　克服人性弱点　登上成功之巅

徐佳九　著

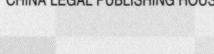

全新升级版

中国法制出版社
CHINA LEGAL PUBLISHING HOUSE

前 言

芝加哥大学和青年会联合学校曾举行了一次调查,确定现代人最关注哪些事情。调查结果显示:一般人最关注的是健康,其次就是如何了解别人,如何与人相处,如何令人喜欢,如何使他人同意并接受自己的看法。人们努力寻求与这些问题有关的实用书籍,于是,美国著名思想家、教育家戴尔·卡耐基写下了《人性的弱点》。

人性的弱点是与生俱来的,当虚荣、嫉妒、攀比、贪婪、自私自卑等弱点显现出来时,人们便会因此情绪不佳,终日为烦恼所困,甚至患上心理疾病。上班途中的偶尔争吵,上级的无端指责,同事之间的钩心斗角等与人相处时所发生的不愉快,也是狭隘、自私、抱怨、自怜、焦躁等人性弱点的外现。人性中的弱点已经成为人们挥之不去的阴影。

人性中存在的种种弱点,正随着社会节奏的加快而凸显出来,并随着人们心理状态的恶化而被强化。所以,尽管我们的财富与日俱增,幸福感却在逐渐降低;我们沟通的工具越来越多,与他人的联系却越来越少;我们认识的人越来越多,知己却越来越少;马路越修越宽,我们的视野却越来越窄;楼房越来越高,我们的心胸却越来越窄；我们可以参与的活动越来越多，享受到的乐趣越来越少；我们渴望了解外星人，却不想了解身边的人……

然而，人性中的种种弱点是可以克服的，关键在于我们怎么想。爱默生说："一个人就是他整天所想的那些。"你想什么，你就是一个怎样的人。因为每个人的特性都是其心理状态的外在体现。如果你心里都是快乐的念头，你就能快乐；如果你想的都是悲伤的事情，你就会悲伤；如果你想的全是失败，你就会失败；如果你想的都是一些可怕的情况，你就会害怕；如果你有不好的念头，你恐怕就会不安心了；如果你沉浸在自怜里，大家就都会有意躲开你。

戴尔·卡耐基认为，只要改变了看问题的方式，改变了个人的心理状态，人性的弱点就会被削弱甚至克服。一个人的成功或失败，幸福或坎坷，快乐或悲伤，很大程度上是由其内心所感悟到的，也是可以通过心理调节而改变的。

本书揭示了人性中最原始、最本质的20个弱点，并详细阐述了这些弱点的成因、影响及危害，引导读者从心理层面认识并克服这些弱点，从而成为一个身心健康、受人欢迎的成功人士。

本书从心理学的角度对人性的弱点进行了深入的阐释，力图探寻人性中更深层的真实。本书的视野并未局限于社交层面，而是关注人的整个内心世界，让人从内心深处意识到自身存在的弱点和缺陷，并主动地寻求改变，从而真正获得健康的身心，赢得他人的喜爱。

目 录

第一章 虚荣——打肿脸成不了真胖子

人人都有虚荣心 /003

男人和女人，谁的虚荣心更甚 /005

虚荣就是死要面子活受罪 /008

把虚荣变成积极的心理暗示 /011

第二章 猜疑——消除心里面的另一个现实

猜疑的剑芒伤人害己 /017

疑心缘何而来 /020

同事之间切莫猜疑 /022

别让在意变成猜疑 /024

彻底摆脱猜疑的枷锁 /027

第三章 狭隘——是我们将自己推向死胡同

从狭隘的小我中走出来 /031

对他人不要心存芥蒂 /032

心宽，天地就宽 /034

换位思考，力求理解他人 /036

第四章　攀比——不要成为别人镜子里的影像

攀比让人平添烦恼 /041

比上是挑战，比下是开悟 /043

降低期望，量力而行 /045

过好自己的生活，这就是幸福 /047

第五章　自大——高度不是由心气决定的

轻狂的人定是肤浅的人 /053

骄矜藏祸患，谦恭得人心 /055

"适度自大"不同于"盲目自大" /057

认清自己，放低姿态 /059

第六章　自私——你的眼里还要容下别人

自私扭曲了人的心灵 /065

别让自私的杂草在心里蔓延 /066

给予别人，你会收获快乐 /068

多为他人的利益考虑 /070

第七章　自卑——你不是生活的小丑

给自卑者的心理画像 /075

沉溺于自卑中会让人碌碌无为 /077

驱逐深藏内心的自卑感 /080

　　自信的人更美丽 /082

第八章　抱怨——怨天尤人只会让生活更加糟糕

　　抱怨于事无补，却令心情更糟 /087

　　不如意时尽量少抱怨 /090

　　正确看待世间的不公平 /092

　　数数你所拥有的财富 /094

第九章　自怜——为什么受伤的总是我

　　越是"自怜"越会"受伤" /099

　　好好呵护心灵的花园 /101

　　心里再苦，脸上都要露出微笑 /103

　　告别自怜自艾，拿回主动权 /106

第十章　愤怒——别用别人的错误惩罚自己

　　揭示情绪失控的深层原因 /111

　　发怒前问问自己值得吗 /113

　　与其生气不如争气 /116

　　适当给自己"放气" /118

　　抑制怒气，克服焦躁 /120

第十一章　嫉妒——不要对别人的成功视若无睹

　　嫉妒是最具破坏性的负面心理 /125

嫉妒摧毁人性和健康 /127

不掩己之长，不掠人之美 /130

树立正确的竞争意识 /132

第十二章 怀旧——将自己从记忆里拔出来

在感怀中重温逝去的美好 /139

过度怀旧是一种心理疾病 /140

别和往事过不去 /142

忘却是一种人生智慧 /144

心态归零，让过去的成为永远 /146

第十三章 悔恨——别和自己的错误过不去

将"要是"改为"下次" /151

让失去变得可爱 /152

没有任何错误会持久 /154

创造没有悔恨的人生 /156

第十四章 浮躁——这个世界能在你心中激起多高的浪

浮躁让人喜怒无常 /161

产生浮躁心理的时代因素 /163

拭去内心的缕缕浮躁 /166

不要让浮躁在压力中产生 /168

第十五章　偏执——别让坚持沦为固执

偏执让人走入危险的境地 /173

别让偏执变成争执 /175

解读偏执心理的成因 /177

放弃执念，解脱自己 /180

第十六章　羞怯——"犹抱琵琶半遮面"的婉转要不得

羞怯心理的种类和成因 /185

战胜羞怯的方法 /187

抛开羞怯，走向阳光 /190

勇敢一点，便不会留下遗憾 /191

第十七章　空虚——吞噬心灵的一剂毒药

正确认识内心的空虚 /197

再忙也无法弥补内心的空虚感 /199

内心充实才能快乐 /201

把握我们有限的一生 /203

第十八章　贪婪——人往往不是饿死的而是撑死的

贪欲是一剂"迷魂药" /209

给贪婪的心加上一把锁 /211

正确看待财富 /212

该放手时就放手 /214

第十九章 焦虑——生活的恶作剧

焦虑是现代人的通病 /219

不为明天的事担忧 /221

忧愁解决不了任何问题 /223

驱散焦虑的"阴霾" /224

你所担忧的事情有 99% 不会发生 /227

第二十章 逃避——最愚蠢的自保

不敢面对现实的人才会逃避 /231

接受无法改变的事实 /233

人活着就必须承担责任 /235

作最坏的打算 /237

第一章

虚荣——打肿脸成不了真胖子

虚荣是对荣誉的一种过分追求,是道德责任感在个人心理上的一种畸形反映,是一种不良的心理,其本质是利己主义的情感反映。每个人都知道不应贪恋虚荣,然而身处充满诱惑的花花世界,又有谁能真正抵御虚荣心的作祟,不为虚荣埋单呢?

你的虚荣心强吗？通过下列的测试，你便能清楚地了解自己。仔细回忆一下，下列情况是否经常发生：

1. 因一点小事，与人家争论不休。

2. 工作出现了问题，一味强调客观原因。

3. 自己犯了错误，却硬说是他人的不对。

4. 总爱向别人展示自己名贵的东西。

5. 为了不丢面子，不说实话。

6. 为了提高身价，谈论有地位的亲戚与朋友。

7. 取得了一些成绩就夸大其词。

8. 受到别人的批评，感到颜面无光。

通过回答上述8个问题，可以自测虚荣指数。如果有2个以上回答"是"的话，说明你有虚荣心理，应该引起重视。

人人都有虚荣心

艾伦很羡慕她的女同事能嫁给一个有钱有权的丈夫,他们住有美丽宽敞的房子,行有价值不菲的高档车,消费时挥金如土,毫不眨眼。因此,艾伦总认为自己的丈夫无能,这样一来,埋怨和争吵自然持续不断。最后,艾伦一气之下和丈夫离了婚,嫁给了一个大款。

但是,有了钱的日子却并没有给她带来多大的幸福和满足,起初她也曾因出入高档的消费场所而萌生自豪感,但这种虚荣持续了不久,就变为了空虚。因为丈夫经常出差,根本无暇陪她,而且他身边的女人各色各样,让艾伦对这段婚姻的稳定性产生了怀疑。现在,她反而羡慕那些收入一般、生活平淡的夫妻能够相濡以沫,即使条件稍差些,只要相知相守,也乐在其中。

在我们的身边,有多少人像艾伦这样,本来可以很快乐轻松,却因虚荣心作祟让生活失去了原有的滋味呢?

所谓虚荣,是指表面上的光彩,虚幻的荣耀。虚荣是对荣誉的一种过分追求,是道德责任感在个人心理上的一种畸形反映,是一种不良的心理,其本质是利己主义的情感反映。每个人都知道不应贪恋虚荣,然而身处充满诱惑的花花世界,又有谁能真正抵御虚荣心的作祟,不为虚荣埋单呢?

事实上，虚荣心人人都有，只是程度和表现形式不同罢了。虚荣心本身并非太大的错误。在现实生活中，男人大多追求名誉、地位、金钱、车子等，女人更多地追求衣着、容貌、老公、房子等。每个人都不喜欢自己在任何方面比别人落后，适度的虚荣心是可以理解的，可是过分爱慕虚荣，小则道德沦丧，大则走向罪恶的深渊。君不见，有的领导爱慕虚荣，不惜弄虚作假，做表面文章；有的技术人员为了评上职称，报假成果、假学历，为自己争面子；有的人为了满足自己的虚荣心坑蒙拐骗，无恶不作。

英国哲学家培根说："虚荣的人为智者所轻蔑，愚者所叹服，阿谀者所崇拜，而为自己的虚荣所奴役。"虚荣像一剂迷药，让人对名望有了几乎变态的追求，让人失去道德底线，陷在钩心斗角中不能自拔，因为一个人的虚荣心和另一个人的虚荣心是不能共存的，只会互相伤害。因此，在虚荣心强的人的眼中，周围的人便都成了他的仇敌，他并不能从与他人的交往中获得愉悦和帮助，反而时常与他的邻居、同事、好友，甚至亲人发生冲突。一个人如果过度爱慕虚荣，就会丧失辨别是非的能力，如果是官，必是昏官；如果是百姓，也一定是个糊涂到极点的人。

心理学中有一个"面子效应"：当别人对自己表达不满的情绪时，人们常常无法容忍并很快予以强有力的回击。之所以会出现这种情况，往往就是因为多数人都太过看重自己的面子，无法安然地面对别人的挑衅。

其实在场面上输掉一筹并不丢人，儒家说："知止而后有定，定而后能静,静而后能安,安而后能虑,虑而后能得。"表现得越是冷静,就越能够把握住主动权,如果你非常在意别人对自己的看法,那么就不妨试着说服对方,而这种说服首先就要求你能放下架子,心平气和地作出解释;如果你觉得别人的评价无所谓,那么就大可不必在意,更用不着和人费口舌。

戴尔·卡耐基说:"和人打交道时,请牢记这一点——人并非理性生物。他们由情感驱使,被偏见支配,傲慢与虚荣是他们的动力之源。"

戴尔·卡耐基认为,要想摒弃虚荣这种病态心理,就要正确认识自我,明白各人有各人的活法,他人有出类拔萃的一面,自己也有,与其盲目追求表面的虚幻,不如脚踏实地去追求真正的成功。只要矢志不渝,定会有不小的收获。只有这样我们才能摆脱虚荣心带来的困扰。

男人和女人,谁的虚荣心更甚

男人和女人,各有各的虚荣,只不过略有差异。女人的虚荣心绝大部分是因"匮乏"所致,如曾经想要但无法获得,而这背后有更深层的心理状态需要解读,那就是不自信导致其内心充满了不安全感,非要抓住一些实质的东西,或者要取悦别人,引起别人的注意。在生活中,虚荣的女人爱打扮、爱买名牌衣服、爱去美容店做皮肤保养、爱跟人炫耀自己的得意之处、爱争强好胜、爱贬低别人抬高自己。因此，她们的人际关系往往很紧张，自己的心理也并不平静。

中国香港作家张小娴在散文《拒绝的虚荣》中写道："已故华探长的第三妾侍说，她拒绝过一个医生。在当年，医生是一个很好的职业，她以对一个医生的拒绝来证实自己曾经颠倒众生，并且为她的丈夫作了很大的牺牲。那位医生当日引以为憾，今天应该引以为荣，一个女人拒绝接受他的爱，却毕生怀念他。

"除了医生外，经常被拒绝的，还包括律师、工程师、富商、富家子、才子、名导演、名歌星、总经理等。女人当然也拒绝过其他男人，但那些都不值得再三提起，只有上述这一批男人，代表了学识、财富、名气，比较典型，拒绝他们才值得炫耀。

"一个男人对我说，他拒绝过一位女律师和一位千金小姐，可见对于拒绝这回事，男人和女人同样虚荣。

"我们不怕拒绝，只怕没得拒绝。如果从来没有令一位异性失望而归，肯定是自己条件不足。至于被自己拒绝的异性，则条件越高越好，那么，拒绝他们才够风光。"

当然，也有人说，女人虚荣并非一无是处，爱美是女人的天性，本无可厚非，得体的衣服更能为女性增姿添彩，提高气质，同时又带来了好心情。

此外，女人的虚荣更能让男人奋发图强。一个有虚荣心的聪明

第一章
虚荣——打肿脸成不了真胖子

女人,对自己心爱的男人的关注,不会只停留在其外表上。因为有虚荣心,所以她会去比较,会督促男人去奋斗,成为男人们成功的动力。但这种比较和督促要适可而止,若是不然,则物极必反。

都说虚荣是女人的专利,其实大多数女人的虚荣都是表面的,涂脂抹粉再加上相互攀比,就可以把她们的虚荣一网打尽,而男人则不同,他们的虚荣往往是骨子里的。他们渴望金钱、名利、地位,并为此处心积虑,不择手段,以达到其目的。

戴尔·卡耐基说:"大多数的男士,他们寻求太太时,不是去寻找一个有经验、才干的女子。而是在找一个长得漂亮,会奉承他的虚荣心,能满足他优越感的女性。"

女人想征服男人,男人想征服世界。对男人而言,最重要的是得到女人的欣赏和崇拜,于是男人的虚荣多为女人而设,女人要认清男人的虚荣,该谴责时就谴责,该封杀时就封杀,该附和时就附和,更重要的是,该激活时就激活。

一般而论,男人渴望名声、知识、名利等炫耀的资本,女人追求姣好的面容、玲珑有致的身材、优越的生活环境等攀比的谈资。女人的虚荣往往是表面的,一枚钻戒、一束鲜花、经常的问候就可以让她兴奋不已,无比自豪;男人的虚荣是实质性的,他们比的是谁的权力更大,谁的工作业绩更突出,他们更看重实际的利益。

然而,男人和女人的虚荣并不是彼此独立的。如果没有异性的关注,女人就不会这么醉心于时装和打扮,男人追求名利的劲头或许会大大减弱。

总之，比起男人，女人的虚荣简单多了。女人的虚荣写在脸上，男人的虚荣刻在心里。但不论是男人还是女人，不虚荣，反倒不正常了。

虚荣就是死要面子活受罪

爱虚荣，说白了，就是"要面子"。要面子是人类社会普遍存在的一种心理，"要面子"反映了人们对尊重与自尊的情感需要，丢面子就意味着否定自己的才能，这是万万不能接受的，于是有些人为了不丢面子，就通过"打肿脸充胖子"的方式来显示自我。

经济学上有一个术语叫"虚荣效应"，说的是消费者渴望拥有只有少数人才能享用或独一无二的商品。拥有某种虚荣商品的人越少，该商品的需求量就越大。艺术珍品、限量版的跑车及高级定制的服装都是虚荣商品。人们从艺术珍品或限量版跑车中获得的价值，多半来源于因"几乎没有人拥有与我的一样的东西"这一事实而产生的特权、地位和排他性。

因为虚荣效应的存在，很多人的信条变成了"你有我也有，你没有我也要有"。没有时也只好"打肿脸充胖子"，以求得周围人的赞赏与羡慕。

除了好显摆，虚荣的人还好逞能。比如，当领导布置了一项较难的工作任务时，他明明知道自己不能胜任，但怕被他人笑话，就

第一章
虚荣——打肿脸成不了真胖子

强说自己可以完成。结果，不仅使自己身心疲惫，还因不能如期交工而遭到批评。

那些"打肿脸充胖子"的人常常通过吹牛、隐匿等欺骗手段来过分表现自己，有时他们也很痛苦，但为了面子只能打掉牙齿和血吞，再苦再累也得忍。

2004年3月19日，有着"世界蛇王"之称的博利恩让像以往一样，在位于泰国首都曼谷的住所内进行耍蛇表演。

表演开始，博利恩让将一条条令人毛骨悚然的眼镜蛇从竹筒里倒出来，但有一条蛇不听博利恩让的命令，躲在竹筒里不出来。博利恩让表演耍蛇多年，这种情况还是第一次出现。他不想在众目睽睽之下丢面子，便驱赶那条蛇出来。那条蛇虽然很不情愿，但还是在博利恩让的反复"威逼"下不得不出来。

博利恩让继续指挥眼镜蛇表演，突然，那条不听话的蛇实施了"报复"，在博利恩让的胳膊上猛咬一口，然后迅速逃离。博利恩让的胳膊上留下了深深的牙印，鲜血立即涌出。

观众们被这突如其来的一幕惊呆了，有些人发出了惊叫声。蛇毒可不是闹着玩的，很多人劝说博利恩让立即停止表演，赶紧去医院治疗。博利恩让感觉胳膊剧痛，他的脸上既痛苦又尴尬，额头上的汗珠不断滚落。但他却谢绝了大家的好意，强装出什么事也没有的样子，继续表演。

观众们发现，博利恩让原本从容、利落的动作逐渐开始变得迟缓、凌乱，全身大汗淋漓。家人实在看不下去了，都劝他停止表演，赶紧接受治疗。此时，已经感觉头晕目眩、呼吸困难的博利恩让仍然强撑着，吃力地说："没事的，我的表演从未出现过差错，这一次虽然有点小状况，但不会影响我的。"

接下来，博利恩让的情况越来越糟，他已经坐不住了，眼神恍惚，但他依然坚持不肯中断表演。观众面面相觑，交头接耳，最终大家心照不宣地纷纷离开，好让博利恩让保住面子，抓紧时间治疗。

观众刚离开，博利恩让便昏倒在地，家人连忙把他送往最近的医院。可是，还没等到达医院，博利恩让的心脏便停止了跳动。就这样，年仅32岁的一代"蛇王"因为自己过于爱面子而命丧蛇口。他的一切荣誉和称号，都随着他生命的终结成了过眼烟云。

博利恩让为了面子，为了保全"蛇王"从无失误的名声，耽搁了宝贵的救命时间。诚然，名誉的得来十分不易，因此才被誉为人的第二生命。但是，第二生命永远不能与生命相提并论！常言道："留得青山在，不怕没柴烧。"留住生命，才有机会创造更辉煌的名誉，也才有机会赢得未来。

戴尔·卡耐基说："无论何人要追求虚荣，不切实际，那么就算身体特强，也要使体力受到创伤；精神很健，也要使脑筋受到摧残。任何虚荣的行为，只能使人家蒙蔽一时，结果终将被人拆穿，受人丢弃。反之，无论哪个人要是诚实不欺，趋向实际，一时或者不会被人注意，但最终是可以增高尊容，增进名誉的。就算在你的生活历程中，遇到不可避免的狂风暴雨袭击时，也可以不会受到摧残。"

不可否认的是，面子在某种程度上关系着一个人的尊严，但如果不分时间、不分场合地死要面子，就背离了尊严的真实含义，面子就变成了人生的负累，生活只会变得越来越糟。

把虚荣变成积极的心理暗示

戴尔·卡耐基曾在著作中感慨道，虚荣！虚荣！让我为此说些什么好呢？人类的这个伟大朋友几乎无处不在，无孔不入。虽然今天人类的科技发展日新月异，我们有了原子能，有了宇宙机器，有了互联网，然而，我敢断言，即使再过一万年，人类的虚荣心也不会有丝毫减退，也许还会愈来愈强烈。也难怪有一位敏感的诗人曾经这样慨叹："虚荣！虚荣！世界上的一切都是虚荣！"

虚荣的形式如同大海、沙漠一样无垠。人们为自己的职业、金钱、衣服，甚至为自己的肤色、头发、身材而沾沾自喜。土耳其的女人以肥胖为美，而中国的女人则以瘦长为美。白种人自夸他们比全世界的有色人种都更优胜；男人自夸他们比一切女人都更聪明；美国人向德国人吹牛；德国人向波兰人吹牛……而中国人则说自己的祖先创造出了举世闻名的文明，比起那些眼里只有金钱和机器的美国人来，不知要高出多少倍！从这个意义上讲，虚荣实在是一种不可取的东西。

母亲为了虚荣，把孩子当成了一件可供雕塑的艺术品；女人为了虚荣，发誓要嫁一个能给自己带来一切物质享受的男人；小孩为了虚荣，对自己的好朋友说："虽然我的头发是红色的，可我的爸爸有一辆卡迪拉克的极品汽车，而你的爸爸却只有一辆便宜的福特车。"就这样，无数母亲倾其所有地为孩子设计通往未来的金光大道，效果却适得其反；无数红颜将爱情当成筹码，却换来终生的不幸；而一对本来很要好的朋友也就这样反目成仇了。这一切，都是为了那一点点可怕的虚荣心！

由于虚荣心而发生残酷竞争的惨剧，是最不幸、最恶劣的事情。而在生活中这样的事例又几乎随处可见。虽然自古以来，先哲和道学家们对虚荣心深恶而痛绝之，却依然无济于事。

凡事都有利有弊，虚荣心并不是可怕的恶魔，它可以让人在比较中失去理智，盲目追求，甚至不惜弄虚作假，坑蒙拐骗；也能令人奋发图强，尽最大努力去实现所愿，在人生和事业中达到他人无法企及的高度。可以说，虚荣心亦正亦邪，用之得当则成为前进的动力，否则，必将惹火烧身，铸成大错。

戴尔·卡耐基说："解决人类的虚荣心问题，其根本并不在于如何去取缔它，而在于如何去改善它，诱导它走向对人有用的方向。"

那么，我们究竟该如何去做呢？我们首先要正确认识它，然后才能战胜它、驾驭它，而不是被它所左右。切不可从破坏它入手，而应该想方设法地去改善它、诱导它，让虚荣保持在适当的范围内。

第一章
虚荣——打肿脸成不了真胖子

列夫·尼古拉耶维奇·托尔斯泰说过:"没有虚荣心的人生几乎是不可能的。"恰到好处的虚荣心不仅可以令人更加光彩照人,还会让人的心情更加愉快。适度的虚荣本身就是一种积极的心理暗示,它不但能让我们的心情变好,更能刺激我们用行动填满我们夸下的海口、完成纷繁的工作。只要正确对待虚荣心,它就会成为我们前进的动力。

在那些事业有成的企业家、文学家、科学家最初的进步动机里面,可能就不乏为个人、为家庭、为故里增光添彩的虚荣心理。更有意思的是,有虚荣心的人可能正因为有目标、有动力,到后来往往比那些与世无争的人有更多的经验、历练、机会与成就。可见,虚荣并非绝对的坏事,重要的是将虚荣与实际行动很好地结合起来。此外,虚荣的人还要努力做到被人一语戳破时,忍耐一点;努力很久依然一无所获时,坚持一点;取得了瞩目的成果时,低调一点。如此,虚荣就成了好事。

第二章

猜疑——消除心里面的另一个现实

猜忌成癖的人,习惯于捕风捉影,喜欢节外生枝,爱说三道四,好挑事端,其结果只能是自寻烦恼,自作自受,害人害己。

朋友邀请你去打野鸭,你冲着池塘里的八九只野鸭"砰、砰、砰"一阵射击,然后你开始清点战果,你打到了多少只野鸭呢?

A. 一只也没打到,鸭子全部安然无恙。

B. 打到两三只,其他鸭子多少受了点伤。

C. 打到一大半,但还剩一两只。

D. 全打死了。

解析:

A. 你不太有自信,会怀疑自己,也会怀疑别人对自己有意见。不过,你在别的事情上一般不会猜忌别人,是善良随意的人。

B. 你的猜疑心一般,属于正常的范围内。大部分时候你都很愿意相信别人,但也有会不由自主地怀疑别人的时候。不过,适当的怀疑也是一种自我保护的方式,只要程度适当,都是可以的。

C. 你的猜疑心很重,会因为一些捕风捉影的事情而产生怀疑。你考虑的事情总是太多,很难作决断,觉得左也不是,右也不是。你会怀疑别人做的任何事情,虽然这种怀疑并不一定是出于恶意。

D. 你是一个非常自信的人,喜欢直接、坦率地说出自己的想法,也希望别人如此。你几乎没有猜疑心,因为你根本不愿意浪费时间猜来猜去。

第二章
猜疑——消除心里面的另一个现实

猜疑的剑芒伤人害己

"怀疑"是人的一种正常心理，在无法掌握事实真相的时候，人们通常都会持有这样的心理。但是，过分质疑就可能会变成无端猜疑，就容易杯弓蛇影、捕风捉影，一句话、一个眼神、一个动作都可能引起误会，轻则心存芥蒂，与朋友分道扬镳，或错过机会，丢掉商机，毁掉前途；重则引起集团与集团、国家与国家之间的矛盾、冲突，甚至战争。

《三国演义》第四回中有这样一段内容：曹操谋杀董卓未成，仓皇逃窜，投靠父亲的结义兄弟吕伯奢。吕伯奢见是义兄的儿子到来，想好好招待一下，就让曹操稍坐，自己到邻村买酒去。这时，曹操听到隔壁有磨刀的声音，以为吕家人想要杀他，遂拔剑直入，不问男女，皆杀之，一连杀死八口人。谁知原来人家是绑了一头猪，准备设宴招待他。曹操怕留下祸根，将错就错把吕伯奢一家斩尽杀绝。曹操错杀好人，就是因为他疑心太重。

这是中国古代因为疑心重而引起严重后果的一个故事。即使到现在，疑心也是我们与人交流、认识社会的一大障碍。

生活中，我们常会遇到一些猜疑心很重的人，他们整天疑心重重、无中生有，认为人人都不可信、不可交。人家一扬眉，他就说人家看不起他；人家一撇嘴，他就说人家讨厌他；人家在说悄悄话，他便怀疑是在说自己的坏话。总之，疑心重的人对别人的一举一动都十分在意，觉得别人的一言一行都是对自己的侵犯。

戴尔·卡耐基认为，猜疑是一种不良的心理，一经产生，便会起到很多消极作用，若不彻底根除，必将后患无穷。

猜疑心理是一种基于主观推测而对他人产生不信任感的复杂情绪体验。猜疑心重的人对于外界对自己的态度非常敏感，别人很简单的一句话，他可能会琢磨半天，努力挖掘其中的"潜台词"，这样就很难轻松自然地与人交往，久而久之，不仅会严重影响自己的心情，还会影响正常的人际关系。

猜忌成癖的人，习惯于捕风捉影，喜欢节外生枝，爱说三道四，好挑事端，其结果只能是自寻烦恼，自作自受，害人害己。

猜疑心重的人不愿意公开自己的信息，不喜欢与人坦诚交流，他们整天闷闷不乐、郁郁寡欢。由于自我封闭阻隔了外界信息的输入和与他人的情感交流，他们可能会从怀疑别人发展到怀疑自己，进而变得没有自信，变得自卑、怯懦、消极、被动。

心理学中的"猜疑效应"，是说猜疑心重的人喜欢制造"假想敌"，树立一个猜疑的目标，最后又回到假想目标，就像一个圆圈一样，越画越粗，越画越圆。最典型的例子莫过于"疑邻偷斧"的寓言：

有个农夫的斧头丢了，怀疑是邻居的孩子偷的。从这个假想目标出发，他开始观察那个孩子的言谈举止、神态仪容，觉得他的一

第二章
猜疑——消除心里面的另一个现实

举一动都是偷斧贼的样子。思索的结果进一步强化了原先的假想目标，最后他断定偷斧贼就是邻居的孩子。可是，不久之后他在家里找到了斧头，再看那个孩子，发现他一点也不像偷斧贼。

疑心重的人通常很敏感，发现一些征兆便陷入冲动的情绪当中，然后胡思乱想，缩小摄取信息的范围，并且将所有的分析、推理和判断都建立在那些有利于证明自己设想的信息上，这就是典型的循环证明法，当然会以假乱真，从而自圆其说。

因此，当怀疑的念头萌生时，我们应当立即寻找这个念头产生的原因，在循环思维形成之前，积极引进正反两个方面的信息。在出现怀疑迹象时，一定要控制住自己混乱的思想，提醒自己不要想太多，提醒自己别人没有那么坏，要公正客观地看待怀疑的对象，在毫无客观证据证明自己的怀疑时，请立即停止怀疑。

比如，如果那个多疑的农夫在发现斧子丢了之后能冷静地想一想：是不是自己砍柴时忘了带回家，或者放在家中哪个不起眼的角落了，可能就会很快找到斧子，而不会无端地猜疑邻居的孩子了。现实生活中的许多猜疑往往是经不起理智的推敲和验证的，可见理智思考是十分必要的，否则，就会让猜疑的剑芒伤人害己。

疑心缘何而来

在日常生活中，你恐怕也会碰到这种情况：当你走进办公室时，大家议论的话题突然中止；爱人陪你去医院看病，大夫和他（她）单独说了几句话，可回来后他（她）却什么也没对你说；你的上级最近对你不冷不热的……碰到这些事情，你心里是不是开始犯嘀咕？是不是觉得别人有什么事情瞒着自己？可是你有没有想过，这更可能只是不必要的猜疑？

那么，猜疑心理缘何而来呢？据心理学家分析，猜疑心理的形成与以下几种因素有关：

1. 与生活环境，尤其是家庭环境有关。如果一个人身边的人经常相互猜疑，经常在背后说别人的坏话，缺乏相互信任、相互理解的和谐氛围，这个人也会不知不觉地变成喜欢猜疑的人。年纪较小的孩子受到生活环境影响的概率更大。

2. 与不自信有关。对他人信任的缺乏往往同自信的不足有关。喜欢疑神疑鬼的人，看似怀疑别人，实际上也是在怀疑自己，至少是对自己信心不足。有些人自认为在某些方面不如别人，因而总以为别人在议论自己，看不起自己，算计自己。一个人越自信就越容易信任别人，越不容易产生猜疑心理。

3. 与一个人受到过较大的伤害有关，特别是当伤害来自较亲密

第二章
猜疑——消除心里面的另一个现实

的人时影响更为明显。有些人曾经由于轻信别人而受骗，遭受了巨大的精神损失和感情挫折，结果万念俱灰，不再相信任何人。

4．与错误的思维方式有关。猜疑的人凡事总是爱往坏处想，先树立起一个对自己不利的假想目标，然后搜集证据，进行自我论证。这样越疑越想，越想越疑，越疑越像，最后形成了猜疑的恶性循环。

5．与听信流言有关。爱猜疑的人既要以别人的评价作为衡量自己言行的标准，又很在乎别人的说长道短。而当别人的态度不明朗时，他们往往会从不利于自己的方面去猜测、怀疑，自寻烦恼。

6．与人的年龄增长有关。一般来说，年龄越大，猜疑心理就越强。尤其是步入老年之后，各方面的功能开始衰退，容易产生自卑感，而越是自卑的人，猜疑心理就越强。此外，人一变老之后，各种各样的顾虑、担忧就多了起来，怕子女不孝，怕被他人讨厌，怕自己成为他人的"包袱"，等等。人的恐惧心理越多，也就越容易猜疑他人。

造成猜疑心理的因素多种多样，并非三言两语就能够讲述得清，但大体而言，主要是与以上几种因素有关。

戴尔·卡耐基告诉人们："和他人相处，要鼓励多于惩罚，要支持多于贬损，要信任多于怀疑。"无论疑心因何而起，它的危害是显而易见的，我们不妨对他人多一点信任，少一点怀疑，这样一来，不仅会为自己减少许多不必要的烦恼，也会使自己在人际交往中更加轻松自在。

同事之间切莫猜疑

在中国古典小说《水浒传》里有个叫王伦的人，他本是水泊梁山的首领，是最先到梁山建起山寨的人。按理说他应当有更大的作为，可是他疑心很重，对来投奔他、已无路可去的晁盖等人不能容纳，担心以晁盖的威望会取代他寨主的地位，因此，他千方百计地要赶走这批人。

晁盖是个光明磊落、心胸豁达的人，他带领几个弟兄去梁山，压根儿就没想过要去争夺山大王的位置。但王伦始终怀疑他另有图谋，甚至拿出钱财来打发晁盖。这时，同样受到过猜疑的林冲终于忍不住了。他深知王伦疑神疑鬼的禀性无法成就大事，甚至会因为他的狭隘而害死众兄弟，因此，站出来一刀将王伦砍死了。

王伦的死，并非因为他的本领不大，也不是因为他是山大王，而是由于他的疑心太重引得众人不满，终于招致杀身之祸。

社会是一张由人际关系编结而成的巨网，任何人都不可能逃避这张网而孤立地生存。现代社会竞争越来越激烈，人际关系也越来越复杂困难，尤其是同事之间，既是同舟共济的战友，又是相互竞争的对手。正因如此，一些人往往无所适从，不知该怎样与同事交往，他们特别留意别人的一言一行，并常常疑神疑鬼。

第二章
猜疑——消除心里面的另一个现实

有一个刚毕业的大学生，经过层层面试好不容易被一家知名企业录用，那一刻，他暗暗发誓，一定要干出一番成绩，让他人另眼相看。但他也知道职场如战场，稍有不慎，就会全盘皆输。因此，他十分注意自己的言谈举止，唯恐授人以柄。可是有一次，他成功地设计完一张图，兴奋之余，不禁脱口而出："真是太完美了！"话一出口，他立刻意识到不妥，一抬头，只见办公室里的同事都朝他望了过来。他马上紧张起来，怀疑同事认为他得意忘形。

还有一次，他听到一位同事在与人聊天时谈到自己的名字，并且表情严肃，他的心"咯噔"一下，怀疑他们在说自己的不是。此后，每当见到别人脸色不好或有两三个人低声交谈，他就怀疑是在针对自己。过分猜疑让他心神不安，总觉得工作环境越来越恶劣。最终，他实在忍受不了这种精神上的折磨，向公司提交了辞呈。

在现实生活中，同事之间的猜疑并不罕见。殊不知，一次两次的猜疑可能并无大碍，次数过多则不仅会影响自己的情绪，使自己无法全身心地投入工作，也会影响自己与他人之间的关系，还有可能因此失去一些发展的机会，从而与成功失之交臂。更有甚者，你的猜疑可能会被那些居心叵测的人利用，而蒙在鼓里的你还浑然不觉。

其实，许多猜疑是很可笑的，但在看清这一点之前，由于猜疑者的头脑被封闭的思路所主宰，便会觉得自己的猜疑顺理成章。所以，如果我们能在工作中与同事加强沟通交流，彼此以诚相待，那么猜疑的霉菌就会无处生长了。

戴尔·卡耐基认为，同事之间有着共同的利益，要想杜绝猜疑的产生和繁衍似乎不太容易。尤其是在现在的大企业里，人越多关系越复杂，存在着很多小圈子。有时，即使你对谁都一样，也难免卷入利益斗争的旋涡中。这时，我们一方面要言行坦荡，少与他人暗中窃窃私语，避免被他人猜疑；另一方面应要求自己减少猜疑或者不猜疑，尤其是发展快的少猜疑发展慢的，位置高的少猜疑位置低的，水平差不多的相互之间多一些理解。

别让在意变成猜疑

人一旦被猜疑这个怪物缠住，就会整天疑神疑鬼，怀疑起别人来毫无根据却又对此深信不疑；总觉得自己受到了伤害，但又说不出具体的人和事。这种现象在爱情和家庭生活中屡见不鲜，很多恋人和夫妻因为猜疑而伤了感情，轻者导致伤心、不满或争吵，重者导致家庭破裂，使本来幸福快乐的感情生活失去往日的光彩。

有一对夫妻原本相处融洽，后来却产生了隔阂，问题就出在一个电话上。一天，妻子接了一个电话，对方"喂"了一声就挂断了。不久，丈夫也遇到了同样的情况。妻子嗅到的是女人的气息，丈夫以为是某个男人在作怪。妻子琢磨这个奇怪的电话，联想到丈夫越来越多的应酬，越想越觉得有"情况"；丈夫注意到妻子这些天打

第二章
猜疑——消除心里面的另一个现实

扮得特别漂亮，想想可能有"问题"。于是，双方由猜疑转为吵架，最后闹到了离婚的地步。

幸福生活应该建立在夫妻双方彼此信任的基础上。一旦不信任的因素产生，而又没有及时沟通，感情的裂痕就会随着猜疑的加深而越来越大。最后，多年经营的婚姻家庭就这样走上了解体的道路。

那么，在婚姻中，猜疑到底是因为在意还是不信任？比较而言，还是后者多一些。有的人见到爱人与其他异性交往密切，就怀疑他们存在不正当的关系，于是力图找到能证明他们有染的蛛丝马迹，这是出于疑心而非爱心。爱一个人，就要给他自由，要相信他。这一点对于维护家庭的幸福十分重要。

那么，如果夫妻之间已经出现猜疑了该怎么办呢？首先，要宽以待人。有了宽容，相互间才能真诚，才有信任。不要轻信，不要听风就是雨，否则只会自寻烦恼。其次，不囿于固定思维。夫妻间一旦出现猜疑，应避免设定假想目标，而要多想几种可能。最重要的是应尽快真诚地沟通一次。沟通的次数越多，相互间的猜疑就越少。再次，无论发生什么事都要心平气和，不要争吵。夫妻相处是一门艺术。戴尔·卡耐基的夫人在《世界上最有魅力的妻子》中写道，争吵绝对是有损婚姻的坏事，应该尽量避免。因为争吵不仅于事无补，还会让矛盾加剧。最后，要加强自我控制。当发现对方有某些可疑行为时，最重要的就是让理智控制情绪，防止由于一时冲动做出愚蠢的事而悔恨终生。

有些时候，与其生活在猜疑的痛苦中，还不如花些力气着手调查到底有没有这件事。如果有，就要思考该以什么方式应对。如果根本就是子虚乌有，就可以打消疑虑，从此以后便少了许多烦恼。

当信任被一件事严重地损害后，假如夫妻真正做到了相互原谅，并且双方都希望恢复夫妻关系，那么他们该如何重建信任呢？这显然并非易事。关于重建信任，心理专家提出了四个要点：

1. 信任会随着时间慢慢地建立起来。研究表明，与对他人的一般信任不同，对配偶的深层信任只有在经过一段时间以后，相信配偶会始终陪伴着你时才会产生。如果在一段长期的考验中，没有发生严重破坏信任的事件，那么信任的重建会是最理想的。你可能会慢慢地恢复对他（她）的信任，但这还有赖于承诺和共同生活的新方式。心理专家认为，此时的夫妻双方已承受不了彼此间再产生同以前一样的隔阂了。

2. 夫妻双方承担适当的责任，能为重建信任创造最大的良机。为恢复对对方的信任，你所能采取的最佳行动就是为自己的行为负责。如果你看到对方在自觉自愿地尽其所能恢复夫妻关系，那么你对他（她）的信任就会增长，对局面的改观就会产生信心。如果你能清楚地看到配偶对你的奉献，就能比较容易地建立信任感。

3. 如果夫妻间已失去了信任，那就应清楚地认识到，进一步损害信任是轻而易举的，而要重建信任却很难，并且需要很长的时间。错误总会发生，因此，犯错的一方必须作出改正错误的承诺并努力兑现，它能充分表明夫妻对于重建信任的诚意和决心。

4. 监视不会增加信任。为了确认配偶没做任何错事而整天监视他（她），只会让夫妻间的信任感加速瓦解。

当夫妻间的信任被损害后，信任的重建将会是一个漫长的过程。要想恢复夫妻间的信任，需要有足够的耐心和技巧。相信，专业人员的帮助会让信任关系的修复更有效。

彻底摆脱猜疑的枷锁

戴尔·卡耐基曾说："猜疑，的确是一种非常痛苦的自我折磨，实在是最愚昧的行为。经常生活在猜疑之中的人，一辈子都活得不快乐。"夫妻之间相互猜疑，闹得家庭支离破碎，连累子女一同受罪；父母子女之间相互猜疑，使得家庭不和睦，亲情丧失殆尽；朋友、同事之间相互猜疑，结果钩心斗角，搞得大家都痛苦万分；上司部属之间相互猜疑，结果两败俱伤，不欢而散。

猜疑如此害人害己，我们又何苦执迷不悟呢？疑心过重，与个性、成长环境等因素有关。所以解除这个问题的根本，并不是要求别人怎么做，而在于你如何自我调整。那么，我们该如何去做呢？

1. 养成积极的思维方式。凡事要多往好处想，从积极的角度理解。不要看到他人窃窃私语，就认为是针对自己，也许他人在谈个人的隐私，与你无关。他人看你的眼神发生了变化，也许是他当时的情绪不佳。

2．及时沟通，解除疑惑。当你对别人心存怀疑时，不要沉浸在自己的苦恼中，你应该勇敢面对现实，和被怀疑者开诚布公地交谈，双方的及时沟通，往往能够化解矛盾。若是误会，可及时消除；若是看法不同，通过谈心，使各自的想法为对方所了解，也有好处；若证实了猜疑并非无端而起，那么心平气和地讨论，也有可能使事情解决在冲突爆发之前。

3．培养自信心。每个人都应相信自己能处理好与周围人的关系，会给他们留下良好的印象。当你能充满信心地工作和生活时，就不用时刻担心自己的行为，也不会随便怀疑别人是否会挑剔了。

4．不轻易相信流言蜚语。当你听到好事之徒传播流言时，千万要冷静，谨防上当受骗，必要时还可以当面予以揭露。

5．抛开陈腐偏见。偏见往往会让我们对他人产生错误的认识，其实他人未必如我们所想的那样坏。人应抛却偏见，要善于用自己的眼睛去看，用自己的耳朵去听，用自己的头脑去思考。必要时应调换位置，站在别人的立场上多想想。这样就能成为真正的君子。

6．向心理医生求助。如果你经过上述调整，仍无法消除猜疑心理，甚至猜疑心越来越重，给自己与周围人都带来了较大的困扰，建议你找专业的心理医生进行咨询，寻求解决的方法。

总之，我们必须做到实事求是、理性思考，这样才能从猜疑的枷锁中解脱出来。

第三章

狭隘——是我们将自己推向死胡同

狭隘往往使人偏见丛生，把可能在未来对你的事业有所帮助的人推到敌对的立场。狭隘会使你失去很多珍贵的朋友。

多年的好友因急用向你借了1000元，但过了两个月后还没有还，你可能会怎样想？

A．已经忘了这件事。

B．不着急，等他有钱了自然会还的。

C．试探性地问问他有无还钱的意思。

D．时时惦记着这件事，最终直截了当地去询问。

解析：

A．你是一个凡事不爱计较的人，即使与人发生过摩擦，也会很快忘记。可以说，你是一个胸襟开阔的人，正因如此，你的朋友很多，人缘很好。

B．你很讲义气，凡事能为他人着想，心胸开阔，随遇而安，顺其自然。

C．你有一些小心眼，但是属于正常范围内，于性格无大碍。

D．你的心胸狭隘，遇事常放不下。

第三章
狭隘——是我们将自己推向死胡同

从狭隘的小我中走出来

你是否曾有过这样的情况：在学习和生活中为一点点挫折或失败而寝食难安；听到别人说你的坏话后长时间内耿耿于怀；难以接受他人对你的批评；只和少数几个与自己想法一致或能力不超过自己的朋友交往，不愿接受与自己有意见分歧或比自己强的人……如果有的话，可以认为你心胸不太开阔，有些狭隘。

所谓狭隘，即人们常说的气量小，心胸狭窄。在思想上表现为稍微遇到一点委屈或面对很小的得失便斤斤计较、耿耿于怀。在行为上表现为人际交往面窄，只同与自己意见一致或能力不如自己的人交往，看不惯那些比自己强的人或与自己意见相左的人。

狭隘会导致许多不良心理，如自私、攀比、嫉妒、猜疑、孤僻等。心胸狭隘的人，喜欢听他人对自己的赞美，难以接受别人的批评，并将其视为对自己的挑衅。他们遇到挫折时不求诸己，而是怨天尤人，将责任推给他人。这样的人因为心胸狭窄，在生活中极易与他人产生矛盾和冲突，甚至会有过激行为，对自己和他人造成伤害，给家庭、社会带来损失。狭隘心理的危害如此之大，那么，有什么好办法将其克服呢？不妨试试戴尔·卡耐基的方法。

首先，要想得开。他人对你存在非议，你大可不必理会。遇到困难了，忍一忍，再坚持一下，或许就有转机。

其次，要想得远。把眼光放长远一些，自己一时的得失也就不算什么了，只要是对整体、全局有利的人与事就都能容纳与接受了。抛开"以自我为中心"的观念，就不会遇事斤斤计较了。

再次，要走出自己的小圈子，融"小我"于集体之中，广交益友。尤其是要与比自己强和与自己意见有分歧的人交往。只有热情、坦率地交友，虚心向别人学习，才能使自己发展、进步，也才能更深刻地了解自己和他人，开阔心胸。

最后，要学会忍让。"忍一时风平浪静，退一步海阔天空。"遇到冲突时，要学会退一步，即使自己有理，也不要咄咄逼人。

总之，要克服狭隘心理，从"小我"中走出来，必须练就一颗豁达的心。豁达是一种博大的胸怀，一种超然洒脱的态度，是容纳他人的最高境界。心能容谓之度，海能容谓之大。豁达是一种情操、一种境界、一种度量。豁达的人，未必大富大贵，却能洒脱快乐。

对他人不要心存芥蒂

狭隘往往使人偏见丛生，把可能在未来对你的事业有所帮助的人推到敌对的立场。狭隘会使你失去很多珍贵的朋友。你要知道，生活中矛盾与纠葛在所难免。很多时候，别人无意之中可能会侵害了你的利益，伤了你的心。此时，你要明白，怨恨别人帮不了你，只会使你在怨恨的泥淖中越陷越深，只有心胸宽广才能让自己释然。

第三章
狭隘——是我们将自己推向死胡同

第一次登陆月球的太空人共有两位,除了大家都熟知的阿姆斯特朗外,还有一位是奥尔德林。阿姆斯特朗当时所说的一句话:"我个人的一小步,是全人类的一大步。"成了家喻户晓的名言。

在庆祝登陆月球成功的记者会中,有一个记者突然问了奥尔德林一个很特别的问题:"由阿姆斯特朗先下去,成为登陆月球的第一个人,你会不会觉得有些遗憾?"

在全场有点尴尬的注视下,奥尔德林很有风度地回答:"各位千万别忘了,回到地球时,我可是最先出太空舱的,所以我是由别的星球来到地球的第一人。"大家在笑声中给予了他最热烈的掌声。

有时候,成功的机会很少。当别人得到了这个机会时,你会怎么想?是咒骂别人抢走了你的机会,还是反躬自省?毫无疑问,如果你想成功,你就得选择后者,而不能总是对他人心存芥蒂,耿耿于怀。

不记恨,你的胸怀才能坦荡,否则,仇恨会将你变得面目可憎。遇到不如意的事,不要哭泣,不要抱怨,不要愤怒,而要去解决。

戴尔·卡耐基曾讲过这样一则小故事:有一个人经过一棵椰子树时,一只猴子从上面丢了一个椰子下来,打中了他的头。这人摸了摸肿起来的头,然后把椰子捡起来,喝了椰子汁,吃了椰肉,最后还用椰子壳做了一个碗。

戴尔·卡耐基认为,面对一些令人委屈或难堪的遭遇,我们要转换心情,以健康积极的态度去化解这一切。如果能从中得到更大的益处，不也是一种收获吗？这不是比到处记恨别人，处处结下冤家强吗？

要克服狭隘心理，就要树立正确的人生观、价值观，摒弃"人不为己，天诛地灭"的想法，学会站在别人的位置上思考问题，不要总想着自己。要学会宽容、谅解他人，不要因为他人的一点点错误就记恨在心，更不要遇事不让人，有好处一人独吞。总之，要想开阔胸襟就得学会宽容他人，求同存异，遇事换个角度思考问题。

心宽，天地就宽

心理学中有一种"海格力斯效应"：大力士海格力斯看到有个袋子挡在路上，就愤怒地上前踩踏，结果袋子越来越大，完全阻挡了去路。圣人告诉他，这个袋子是仇恨，越是击打它，它就越是要生长壮大。

"海格力斯效应"告诉我们：如果你对某些人犯下的错误心生抱怨或者愤怒，那么双方的摩擦和怨恨就会不断加大；如果你能够宽容地对待对方的不是、忍耐对方的挑衅和攻击，那么事情就可以轻松得到解决。可见，如果不设法克服狭隘心理，愤怒和怨恨就会越积越深。

在生活中,有些人心胸狭隘，处处伤人，结果和几乎所有的同事、朋友都产生过矛盾，烦恼重重，给自己的生活带来痛苦的同时也给

第三章
狭隘——是我们将自己推向死胡同

别人带去了伤害。其实，这又何必呢？抛却狭隘，以一颗宽容的心去对待别人，才是潇洒明智之举。

一位智者和一个朋友一起去旅行。经过一处山谷时，智者失足滑落，幸而朋友拼命拉他，才将他救起。于是，智者在附近的大石头上刻下了一行字：某年某月某日，某某朋友救了某某一命。两个人继续走了几天，来到一处河边，朋友跟智者为了一件小事吵了起来，朋友一气之下打了智者一记耳光。于是智者跑到沙滩上写下了一行字：某年某月某日，某某朋友打了某某一记耳光。

不久，他们回来了。有人好奇地问智者为什么要把朋友救他的事刻在石头上，而将朋友打他的事写在沙滩上。智者回答道："我永远都感激朋友救我，至于他打我的事，我会随着沙滩上字迹的消失而忘得一干二净。"

俗话说："得饶人处且饶人。"又说："大肚能容，容天下难容之事。"在现实生活中，人与人之间难免会出现摩擦和冲突，如果互不相让，得理不饶人，或是胡搅蛮缠，态度倨傲蛮横，不仅解决不了矛盾，还会惹怒对方，引起更大的冲突。有些人认为原谅了别人，就是让自己吃亏，至少会让自己很没面子。事实上，宽容别人恰恰表现了自己的美德。

"人非圣贤，孰能无过？"宽容，也能让自己紧张的情绪得到放松。生气是拿别人的错误惩罚自己，而宽容则是自我解救的一种方式。其实，宽容是一种境界，更是人生的一首诗。至高境界的宽容不仅表现在对日常生活中某一事情的处理上，而且升华为对人生如诗般的气度。宽容也不仅仅指人与人之间的理解和关爱，更是对于天地间一切生命的博爱。宽容如水，使纷繁经过滤变得纯净；宽容似火，使平淡通过锻造变得鲜明。正因为有着诗一般的宽容，才赋予人生以艺术，赋予生命以永恒。

戴尔·卡耐基说："让自己更平和一点，更豁达一点，更宽容一点。人人都有他的难处，何必强求于人？"告别狭隘之心，用宽容之心包容一切，是我们每个人生活中的一件大事，整天被不满、怨恨心理所控制的人是最痛苦的人。学会宽容，也就是学会了爱自己。

心外世界的大小并不重要，重要的是我们内心的世界。正如一首诗所写的那样："春有百花秋有月，夏有凉风冬有雪。若无闲事挂心头，便是人间好时节。"一个胸襟宽阔的人，即使住在一间小小的牢房里，亦能转境，把小牢房变成大千世界；一个心胸狭窄的人，即使住在摩天大楼里，也会感到空间逼仄，事事不能称心如意。正所谓：心宽，天地就宽。

换位思考，力求理解他人

人与人之间之所以时常出现矛盾，关键在于不能相互理解。孔子曾说："己所不欲，勿施于人。"你希望别人怎样待你，你就要怎

第三章
狭隘——是我们将自己推向死胡同

样待别人。对一个心胸狭窄的人来说,理解他人是根治自身心理疾病的前提。

理解是一种强大的力量,它能够将性格、思想和行为方式不同的人联合起来,有助于人们超越狭隘的个人经验,使人从孤独、郁闷、压抑中解放出来。理解使我们透过别人的眼光和内心看到另外的天地,帮助我们拓宽视野,开阔胸襟。

西班牙著名画家毕加索对冒充他作品的假画毫不在乎,从不追究,最多只是把伪造的签名除掉。有人不解地问他为什么这样,毕加索说:"作假画的人不是穷画家就是老朋友,我是西班牙人,不能让老朋友为难,穷画家朋友们的日子也不好过。再说,那些鉴定真迹的专家们也要吃饭,那些假画使许多人有饭吃,而我也没有吃亏,为什么要追究呢?"

毕加索是伟大的,也是聪明的,正是因为他的理解,才使许多人得以生存。他没有因为理解、宽容别人而失去什么,反而让别人更加敬重他,而他自己也落得一个好心情,何乐而不为呢?

在心理学上,有一个名词叫"心理换位"。所谓心理换位,即俗话所说的"要想公道,打个颠倒",它是指人与人在心理上互换位置,在人际交往中,能设身处地地从对方所处的位置、角度、情境去思考、理解和处理问题,深刻体察他人潜在的行为动因,不单纯的站在自己的立场上简单地看待问题、对待他人。

心理换位，也就是换位思考。运用心理换位法，就是要打破思维的定式，克服"自我中心"，站在对方的角度上思考问题，从而增加相互间的理解与沟通，防止误解及不良情绪的产生。

在人生的道路上，我们每个人都需要理解。因为每个人都有情绪低落的时候，即使再清醒的人，在心情烦躁的时候也可能会做出一些不太冷静的事，在心情郁闷的时候也难免会说出一些偏激的话，这很正常，因为我们活得都不轻松。一味地怪罪他人是没有用的，与其让彼此都不快，不如相互体谅一下，以开朗豁达的心境、热情友好的态度，去尊重他人，理解他人，关爱他人，善待他人。

戴尔·卡耐基曾劝导人们，不要一味地指责别人的自私、冷漠别人的友情、拒绝别人的规劝、忽视别人的指点；不要去挑剔别人的毛病、搬弄别人的是非、猜疑别人的好意、忌妒别人的成绩。

我们要明白，只有理解他人，才能把自己融入群体，获得友谊、信任、谅解和支持；只有理解他人，才能调整失衡的心态，解脱孤独的灵魂，走出无助的困境；只有理解他人，才能在人生的道路上感受快乐，把握机遇，走向充满希望的未来。

理解是伟大的，它拉近了心与心之间的距离，增进了人与人之间的感情和友谊，避免了无意义的争端。理解是一座舒心桥。只有理解别人，才能得到别人的理解，理解既给别人带来快乐，也让自己免受烦恼之苦，可谓既利人又利己。

第四章

攀比——不要成为别人镜子里的影像

人都有攀比心理，如果通过攀比能够把比自己强的人作为榜样，向别人学习，那自然也是件好事；但如果攀比的结果是只看到自己的短处，并因此而伤心、怨愤，甚至颓废、堕落，那就有些心理问题了。

你的攀比心强吗？请进行如下测试：

1. 如果看到好友买了一件漂亮的新衣服，你会去买一件更好看的吗？
2. 你对自己的工资不满意时，是否经常羞于向他人提及？
3. 你是不是总幻想有朝一日能取得令他人望尘莫及的成就？
4. 你经常购物吗？
5. 你十分注重自己的外在形象吗？
6. 你经常拿自己的爱人与他人的爱人作比较吗？
7. 你是不是总有种失落感？
8. 你常感到压抑吗？
9. 你对现状很不满意吗？

解析：

以上这些问题，答"是"得1分，答"否"得0分。总分数为0~6分，说明你的攀比心很正常，7分及7分以上则说明你的攀比心很强，需要自我控制了。

第四章
攀比——不要成为别人镜子里的影像

攀比让人平添烦恼

人都有攀比心理，如果通过攀比能够把比自己强的人作为榜样，向别人学习，那自然也是件好事；但如果攀比的结果是只看到自己的短处，并因此而伤心、怨愤，甚至颓废、堕落，那就有些心理问题了。

有一个女白领参加了一次同学聚会。多年不见，她的同学都变化很大，有的成了政府要员，有的下海经商创造了巨额财富，有的女同学虽然自身没有什么大的成就，但是老公身价不菲。与她们相比，这个女白领显得十分落魄。

回家之后，这个女白领总觉得身体不舒服，心慌、胸闷、烦躁、失眠等症状相继出现。她去医院检查，也未发现什么病因。找心理专家咨询后，才得知自己可能患上了"攀比恐慌症"。

人在没有参照物的情况下，很容易自我满足，一旦参照物出现或发生改变，人们的心态也就迥然不同了。案例中的这位女士原先在自己的圈子里可能算是生活条件比较好的，她在事业上虽没有很大的成就，但是工作稳定，收入颇丰。可是，与阔别多年的同窗相见使她对自己的现状十分不满，致使她在短时间内无法控制自己的情绪。同学们的成功激发了她的欲望，她开始意识到自己的平庸，感觉自己的人生没有别人的精彩，认为自己活得窝囊。极大的心理落差令她心神不定，失落恐慌，夜不能寐。

许多人往往在攀比中为自己平添了许多烦恼。他们总认为自己不应该过着眼下的这种日子。于是，他们开始细数自己所欠缺的东西，而这往往又加深了他们的不满。其实，我们拥有的东西已经很多了。我们之所以不满意，之所以惆怅，是因为我们在比较的过程中片面地夸大了别人所拥有的，而将自己拥有的许多宝贵的东西忽略了。说不定，当你羡慕别人时，也有人在羡慕你。珍惜你拥有的一切，幸福着你的幸福，快乐着你的快乐，这才是对待人生的正确态度。

攀比使人的心理无法平衡，它就像一把利剑，刺向心灵的深处，给人造成巨大的伤害。"攀比恐慌症"也是一种心理疾病，它不仅会严重影响人的正常工作和生活，长此以往，还会严重影响人的身体健康，导致内分泌失调、免疫力下降，使人容易患上各种疾病，因此，不可忽视。

若想避免攀比的消极影响，就要学会调节自己的心态。要知道人生有所得必有所失，他人在物质条件上好过你，但比你付出了更多的精力，他的烦恼也比你多；他人的官大过你，但经常忙于工作照顾不了家；她的丈夫比你的丈夫有前途，但受到的诱惑也更多。你不能只看到别人得到的好处，而忽视其背后的不易与隐患。千万不要因一次聚会而影响了自己正常的生活。

人与人的差距是客观存在的，也是不可避免的，我们无须通过攀比来否定自己的人生，使自己失去本应拥有的好心情。与其一味

第四章
攀比——不要成为别人镜子里的影像

攀比给自己平添烦恼，不如放松心情，珍惜眼前，努力提高自己，经营好自己的生活。

比上是挑战，比下是开悟

一个女孩在马路边缠着妈妈给她买一个新书包，理由再平常不过了——同桌的女生买了"冰雪奇缘"主题的多功能书包，在班上出尽了风头。这位妈妈为此大声斥责孩子，路人听到孩子的哭声，纷纷上前劝阻，这位妈妈却摇摇头，无奈地说："上个星期刚给她换了一个新笔盒，这个星期又买了两套新衣服，现在又要换书包。总是看见别人有什么，她就要买什么，长期下去，我怎么受得了啊！"人们听了有些惊愕，随即又释然了。攀比，也许是自小就潜伏在我们身边的潘多拉魔盒。

从理论上来讲，我们每个人都拥有属于自己的东西，属于自己的快乐。我们本应珍惜自己的所有，享受自己的快乐，但现实却并非如此。许多时候，我们总会误以为别人手中的糖果更大、更甜，别人拥有的东西更好。就好比在许多男人看来，自家的老婆总是比不上别人家的老婆漂亮，自己的事业总是没有别人做得更大。就连自己的孩子，也喜欢拿去到处攀比，如果有哪一样比不上别人的孩子，便会垂头丧气，迁怒于家人。

很多时候，大家热衷于相互追逐，相互攀比，你有一个，我就要有两个，你有两个，我就要有四个。目标达成，便欣喜若狂；若是比输了，失落之感便油然而生。苦恼也就此产生了。

世间任何事都是一分为二的，"比"亦如此。"比"能催人奋进，也会令人后退。关键是"比"的出发点。很多人攀比是想以这种方式显示自己，满足自己内心的虚荣。这种出发点就是狭隘的。这样的人常因心存不满而终日郁郁寡欢，生活在痛苦之中。只有摆脱这种狭隘的攀比，明白"比上是挑战，比下是开悟"，我们才能积极乐观地看待攀比。

其实，"比"当属中华民族的传统美德。《论语》中有云："见善如不及，见不善如探汤。""见贤思齐，见不贤而内自省也。"而汉朝韩婴在《韩诗外传》一书中也说："高比，所以广德也；下比，所以狭行也。比于善者，自进之阶；比于恶者，自退之原也。"意思是和德行比自己高的人相比，会使自己的德行增进；和德行不如自己的人相比，会使自己的德行减退。如此看来，"比"是对自己的一种挑战，是一种见贤思齐的方式。

但是，我们也不应一味地向上比较，有时也需要有意选择向下比较来卸下一些心理的负担。美国作家亨利·曼肯说："如果你想幸福，有一件事情非常简单，就是与那些不如你的人，与比你更穷、房子更小、车子更破的人相比，你的幸福感就会增加。"要知道，顺其自然是快乐之本，刻意追求是痛苦之源。

有一首打油诗这样写道："世人纷纷说不齐，他骑骏马我骑驴。

回头看到推车汉，比上不足下有余。"人往往就是这样，很多烦恼都是因为觉得自己不如别人而生出来的。

其实，在大多数情况下，我们无须羡慕别人，每个人都有自己的幸福和快乐，要学会俯视，常往下比一比，就能更好地感知自己的幸福。"比上是挑战，比下是开悟"，以这种心态生活，我们才能摆脱攀比带来的痛苦与烦恼，感受生活中的幸福与快乐！

降低期望，量力而行

甲乙两人在马路上散步，路旁风景怡人，二人皆陶醉其中。走着走着，由于两个人的步伐不一致，乙慢慢地落在了甲的后面，这种感觉让他有点不开心。乙慢慢地加快了步伐，很快便走在了甲的前面，甲看到这种情况，也加快了步伐，很快又超过了乙。如此反复，两个人越走越快，从最初的散步，到大步流星地快走，再到后来的奔跑。他们的精力都专注于谁跑得更快，而无暇顾及路边优美的风景。

人们常犯的错误就是不能做自己，总是喜欢和别人比较。但玫瑰就是玫瑰，莲花就是莲花，只能去看，不能比较。每一个人都有属于自己的魅力，但人们往往不懂得它的珍贵，反而对别人拥有的一切羡慕不已，最终只能让世俗的尘埃蒙蔽了自己智慧的双眼。

人生在世，免不了攀比。当人们用某种外在的、单一的价值尺度来评估自己的生活质量时，往往产生的一种"比着活"和"不比别人差"的心理欲求。他们习惯于以他人为"榜样"来确定自我的感觉，为此，他们忽视了真正的生活体验，总是追逐潮流和时尚，总是将比自己强的人作为攀比的目标。他们妒人有，恨己无，为了"不比别人差"，甚至不择手段。一旦发现别人超过自己，就会想方设法"压住"别人，以求得心理上的平衡。

由于出身条件、自身水平、境遇等诸多原因，人与人之间的确存在着各种差别，这就为人们提供了攀比的基础。攀比心理和行为作为一种客观存在，其本身并无过错，问题在于攀比的出发点、内容和目的是什么。

在现实生活中，每个人在不同的人生阶段都会存在攀比心理。那么，当盲目攀比给自己带来无尽的烦恼时，我们该怎样做呢？

首先，不能将眼光局限在当前的差别上，而要立足于现实，努力从自身的实际情况出发，选择更适合自己的生活方式，不要盲目攀比。况且，三十年河东，三十年河西，随着时间的推移，你或许就是未来的成功者。对于他人目前的优越，只要知道就行，不必把它常常挂在心上。与其事事攀比，裹足不前，还不如走自己的路，让别人攀比去吧！

其次，要量力而行，不过高地估计自己。真正地了解自己，才能找到适合自己的发展方向。否则，一味地攀比，盲目地追随他人，最终只能迷失自己。

最后，要降低期望值，制订一个切实可行的行动方案。这样就能预知自己的付出能换来什么样的收获，就能做到心理平衡了。当然，我们不能忽视客观条件的影响。要面对现实，通过努力能实现的绝不气馁，没有条件的要等待时机，这样就算遇到挫折也能保持心态平衡。

最关键的是，为摆脱攀比的烦恼，应该树立自我的生活观念，不要盲从于流行的时尚行为。究竟该如何生活，该选择怎样的生活标准，应根据自身的经济条件来决定。

戴尔·卡耐基说："生活中的许多烦恼都源于我们盲目地和别人攀比，而忘了享受自己的生活。"人生没有永远的赢家，不要让攀比打破自己心理的平衡。有人说，与他人比是懦夫的行为，与自己比才是真正的英雄。把眼光放在自己身上，生活就会多一分快乐与满足。

过好自己的生活，这就是幸福

"如果我们仅仅想获得幸福，那很容易实现。但我们希望比别人更幸福，就会感到很难实现，因为我们对于别人幸福的想象总是超过实际情形。"这是《牛津格言》中的一句名言。的确，人们习惯于过高地评价别人的所有，而过低地评价自己的所得，他们相信别人的东西总是要比自己的好，拥有那些自己所没有的东西才能得到幸福，于是就毫不犹豫地尽全力追求，结果让自己背上了沉重的负担。

有位青年因为年近三十却一事无成，家中还有一个喜欢唠叨的丑陋的妻子，心灰意冷的他决定跳河自杀。就在此时，恰巧有一位牧师经过，拦下了他。牧师不明白他究竟因为什么事想不开而要去寻死，于是就和年轻人攀谈起来。年轻人坦率地把心事告诉了牧师，牧师听后就问他有什么理想，年轻人毫不犹豫地说出了金钱、权力和美女。

牧师带着年轻人到了一位超级富翁的家中，此时这位富翁已经病入膏肓，多年的辛苦经营和奋斗折损了他的健康，他不时地咳出血来，而此时他的几个儿子却在祈祷富翁早日死去，以便能够尽快得到遗产，他们没有前来探望和照顾父亲，反而一个个都沉醉于声色犬马中。看到如此悲凉的情景，年轻人不禁打了一个冷战。

接着，牧师又将年轻人带到了某位高官的家中。这位高官无论是吃饭、睡觉、走路还是上厕所，身边都围着大批的保镖，牧师说高官害怕遭到政敌的暗杀，所以必须处处小心谨慎，但却因此失去了最宝贵的东西——自由。

最后，牧师和年轻人又来到了一位美丽的当红歌星的家里，正好碰见她在毒打下人，酷烈的手段让人毛骨悚然。这位美女不仅为人狠毒，而且私生活十分混乱，她拒绝了交往中的男朋友，正准备迎接新一任的丈夫。年轻人再也看不下去了，立刻离开了屋子。

牧师笑着对他说："现在我可以满足你所提出的任意一个愿

第四章
攀比——不要成为别人镜子里的影像

望。"年轻人立即拒绝了,他认为自己比富翁更健康,比高官更自由,而自己的妻子要比那位美女善良贤惠得多。他告诉牧师,自己已经重新找到了幸福。

当你将幸福的标准确立为处处超过别人时,由于条件上的差别,你所要付出的代价肯定也会很大,此时幸福本身的代价或许已经超过了它的价值,而一旦这个代价超出了我们所能承受的极限,我们承受的压力和折磨将会更大。这样的幸福还算是真的幸福吗?这样的幸福还有谁会愿意去消受,又有谁能够消受得起?事实上,当幸福成为一种竞逐对象时,它已经失去了原有的意义,成为一种变相的打压或因超过别人而产生的快感。

真正的幸福是平凡且单调的,你不甘平庸、不甘人后,一心想要超过别人,处处与人比试,却不知平凡的往往才最可贵。诗人海子眼中的幸福是"面朝大海,春暖花开",伟大的科学家爱因斯坦则认为:"只要你有一件合理的事去做,你的生活就会显得特别美好。"幸福往往就是微尘里开出的小花骨朵,不够饱满艳丽,但这就是实实在在的生活,是新生的喜悦。努力过好自己的生活,这就是幸福。

戴尔·卡耐基说:"不要盲目和别人攀比,幸福是感觉的,不是炫耀的。"每一个人的幸福都应该建立在自我体验的基础之上,攀比行为却偏离了这个最基本的立足点,幸福自然就会打折,甚至变为畸形。一方面,把别人的幸福看得很重,而把自己的幸福看得很卑微,这本身就是一种精神自残;另一方面,攀比行为忽视了自己内心的真实感受，而盲目地将别人的幸福作为参照物，从而造成了内心体验的脱节。

俄国作家列夫·尼古拉耶维奇·托尔斯泰说："智慧就是懂得生活的任务以及怎样去完成。"生活的任务就是做最好的自己，而不是最好的复制品；就是一心一意走自己的路，而不是顺着别人的路走。一个人首先要明白什么样的生活最适合自己，明白自己真正需要的是什么。每个人的幸福体验都不一样，因此每个人都应该给自己一个最精确的定位。

幸福的理由有千万种，追求幸福的方法也有千万种，但每个人的幸福是有差别的，试图跟着别人走，就会丢失原本属于自己的幸福。要知道你既不是上帝的影子，更不是别人的影子，你永远只是你自己，你也只适合做你自己。

第五章

自大——高度不是由心气决定的

纵观古今,自大之人,多是无礼之人;无礼之人,多是孤立之人;孤立之人,多是最终失败之人。大凡具有大家风度的人,多具有谦逊的品德,而自大之人,骨子里实在是透着一股小家子气。

当你和朋友相处时，你是一个将自己封闭起来的自闭儿，还是什么风头都要抢的自大狂？下面的心理测验就能测出你的自大指数有多高。

你最不愿意在好梦缠绵时，听到哪一种声音？

A. 飙车族呼啸而过。

B. 新大楼动工兴建。

C. 邻居唱卡拉OK。

D. 菜市场的喧闹。

解析：

A. 自大指数20。你不喜欢自大的人，因为他们与你的行事风格有很大出入。你平时勤勤恳恳，储备足够的战斗力，待时机成熟，才发挥你的潜能，令旁人大吃一惊。

B. 自大指数50。你不张扬，遇到出风头的事则唯恐避之不及。但若有机会被别人推出来时，你也会毫无畏惧，大胆地表现自己。

C. 自大指数90。你挺爱凑热闹，一旦有可以表现自己的机会，你是绝不会放过的。你很能活跃气氛，往往用你的一技之长博得喝彩，但你的傲慢常让你拒人于千里之外。

D. 自大指数80。你善于察言观色，会在适当的时机说得体的话，或是刻意制造笑点，所以在团体中很难忽略你的存在；虽然你不装腔作势，但可以看出你脸上掩盖不住的得意。

第五章
自大——高度不是由心气决定的

轻狂的人定是肤浅的人

西汉初年,夜郎国君向来访的汉朝使节发问:"是你们汉朝大,还是我的夜郎国大?"自此留下了"夜郎自大"的笑柄。在我们的生活中,也有很多妄自尊大的人,他们意识不到自己的缺陷,盲目将自己的优点夸大,甚至以丑为美。他们认为自己是独一无二的,因此不可一世。他们常陶醉于自我欣赏中,唯我独尊,目空一切。

自大的人不是明星,但他们往往把自己当成明星。他们自以为头戴耀眼的光环,希望得到他人的羡慕与赞赏。当他们的观点遭到质疑时,会反过来嘲笑他人才疏学浅、孤陋寡闻。其实,肤浅的往往是他们自己。

纵观古今,自大之人,多是无礼之人;无礼之人,多是孤立之人;孤立之人,多是最终失败之人。大凡具有大家风度的人,多具有谦逊的品德,而自大之人,骨子里实在是透着一股小家子气。

最糟糕的要属既自大又无能的人了,他们自以为什么都懂,真正做起事来却一塌糊涂。但他们却又偏偏不肯认输,而是找各种理由为自己开脱。这样的人不仅一事无成,还会惹人生厌。

自大与无知是孪生姐妹。俗话说:"鼓空声高,人狂话大。"自大的人往往高估自己的能力,而将他人贬得一无是处。在他们看来,自己样样在行,别人处处不行;自己完美无缺,别人都是缺点。

美国著名的指挥家、作曲家沃尔特·达姆罗施二十几岁就当上了乐队指挥。刚开始时，他很轻狂，眼里只有自己这根"栋梁"，认为自己不可替代。一次排练的时候，他将指挥棒忘在了家里，刚要派人去取，秘书拦住他说："没关系，向乐队其他人借一根就行。"沃尔特不以为然，心中暗想："除了我，谁还可能带指挥棒？"但当他问"谁能借我一根指挥棒"时，大提琴手、首席小提琴手和钢琴手都从各自的上衣口袋里掏出了一根指挥棒递到他面前。他一下子清醒过来，意识到自己并不是不可替代的人物，很多人一直都在暗暗努力，时刻准备取代自己。自此，他改变了自以为是的性格，态度变得谦恭多了。

一个人把自己看得过于神圣，一股自傲的霸气填满胸中，就容易走向偏执狂妄的误区。因此，我们要战胜骄傲自大的病态心理，注意凡事不要太张狂，尤其是当你志得意满时，更不可趾高气昂，目空一切，要谨记："山外有山，楼外有楼。""一山更比一山高。"

根据自然法则，那些地势越低的洼地越具有吸引力。因为地势越低就越容易聚集起更多的资源，这就是"凹地聚集效应"。心理学中同样存在这种"凹地聚集效应"。那些为人处世谦虚低调的人，表面上处于弱势低位，位居人下，但是往往具有别人所不具备的聚集力量，能够将有用的资源尽可能多地汇集到自己身上。

傲慢自大是潜伏在人性中的一个可怕的弱点，必须加以控制，如果任其泛滥，就可能毁掉一个人的一生。其实克服自大很容易，

第五章
自大——高度不是由心气决定的

只要时刻谨记自己不过是苍茫宇宙中的一粟，即使已取得了令人瞩目的成就也不值得炫耀，因为前面还有更大的挑战在等着你。

俄国生理学家、心理学家巴甫洛夫说："任何时候都不要认为你什么都懂。不管别人怎么称赞你，你时时刻刻都要有勇气对自己说，我是个门外汉。"人生在世，总是谦虚一些、谨慎一些、多一点自知之明为好。

骄矜藏祸患，谦恭得人心

三国时期的祢衡很有才华，但性情高傲，总是看不起别人。有人对祢衡说："你何不去许都，同名人陈长文、司马伯达结交呀？"

祢衡说："我怎么能去和卖肉打酒的小伙计们混在一起呢？"

又有人问他："荀文若、越稚长将军又怎么样呢？"

祢衡说："荀文若外貌长得还可以，让他替人吊丧还行；越稚长嘛，肚子大，很能吃，可以让他去监厨请客。"

祢衡对鲁国公孔融及杨修比较友好，常常称赞他们，但那称赞却也傲得很："大儿孔文举，小儿杨祖德，其余的都是庸碌之辈，不值一提。"祢衡称孔融为大儿，其实他比孔融小了将近一半的年龄。

孔融很器重祢衡之才，除了上表向朝廷推荐之外，还多次在曹操面前夸奖他。于是曹操很想见见祢衡，但祢衡自称有狂疾，不但不肯去见曹操，反而说了许多难听的话。曹操十分恼怒，但念他颇有才气，又不愿贸然杀他。后来，祢衡屡次侮辱曹操以及他手下的官员，最终被杀。

骄矜，是指一个人骄傲专横，傲慢无礼，妄自尊大，自以为是。这样的人在现实生活中还是经常能看到的，具有骄矜之气的人，大多自以为能力很强，很了不起，因而看不起他人。由于骄傲，他们往往不肯听取别人的意见；由于自大，他们做事专横，轻视有才能的人，看不到别人的长处。

骄矜对人对事的危害性是很大的，这一点古人认识得十分清楚。《管子·法法》中说："凡论人有要：矜物之人，无大士焉。彼矜者，满也；满者，虚也。满虚在物，在物为制也。矜者，细之属也。"这段话告诉我们，评价一个人是有一定的标准的，凡是能够成就一番伟大事业的人，没有一个是具有骄矜之气的人。骄矜是自满和空虚的表现，这不是什么好事。

宋代学者谢良佐是理学家程颐的学生，他和老师分别一年后，前去拜见老师程颐。程颐说："分别有一年了，这一年你在学问方面下了什么功夫？"

谢良佐回答说："也只是一个'矜'字。"

程颐说："是什么缘故呢？"

谢良佐说："因为仔细检查起来，所有的问题和毛病都出在这里。如果能够克服这一缺点，就能够有上进之心。"

程颐点头表示赞许，借机向在座的其他学生说："这个人做学问，能恳切地求教，切近地思考。"

老子曰："自见者不明，自是者不彰，自伐者无功，自矜者不长。"意思是说固执己见者不明事理，自以为是者不通达，自傲者不会成功，自夸者不会长久。所以，人不要自以为是，要克骄防矜，谦恭待人，礼贤下士，这样才能获得他人的支持和拥护。

戴尔·卡耐基说："我们应该谦虚，因为你我都成就不了多少。我们都只是过客，一世纪以后都被完全遗忘。"一个谦虚待人的人往往不会给周围的人带来压抑感和自卑感，也不会威胁到别人的利益，所以谦虚的人总是能够更轻松地获得别人的认同和欢迎。

做人不要一味地试图让别人来仰视你的存在。我们既然渴望得到更多的尊重，首先就要放下自己的架子，放下高高在上的高傲姿态。净空法师曾经说过："世出世间圣人，都教导我们要学谦敬，对一切人、一切事、一切物，要懂得谦虚恭敬。无论是善人、恶人，是顺境、逆境，要修平等的谦虚恭敬。"其实，只有低调处事、恭敬待人，别人才愿意信任我们，也才愿意和我们交心相处。

"适度自大"不同于"盲目自大"

凡事都有利有弊，自大也是一样，它能让人迷失自我，也能让人成就自我。这就看你如何把握它了。

小敏从小学习成绩优异，无论做什么事都对自己很有信心，毕业之后，她去了一所舞蹈学校当老师。在人才济济的教师队伍中，小敏显得格外突出，她不仅教学质量很高，得到了老师和学生家长的一致好评，年年被评为校优秀教师；还具备一流的舞蹈演员的条件，身材修长、皮肤白皙、嗓音甜美、性格也好，各方面都很出众。凡是遇到难度大的工作，校领导都喜欢和她商量，因为她总愿意承担更具挑战性的工作，想法也比较独特。每当别人向她投来敬佩的目光时，小敏都会感到很得意，很满足。

在小敏看来，没有什么事情是她做不了的，只要肯动脑筋，能吃苦，就一定会成功。这种优越感使她充满了力量，但也招来了同事的嫉妒，有人说她自大狂妄，自我感觉良好。但小敏却说这叫"适度自大"，自己因此感到很愉快。

小敏的这种"适度自大"不仅有利于自身发展，还能挑战自己的极限，让自己突破常人难以想象的困难，一步步走向成功。

"适度自大"与"盲目自大"不同。适度自大是建立在对自己正确认识的基础上的，是在一定条件下对自己所做的事情充满信心的一种表现形式。适度自大可以让人看到自己积极的、值得肯定的一面，对于悲观、消极的人来说，是一种有效的心理治疗方法。适度自大通过一次次的自我暗示，逐渐改变个体对自我的习惯性认识，

第五章
自大——高度不是由心气决定的

发现自己内心的力量，并建立起信心。而盲目自大是不顾自身所限，过分夸大自己的能力，是不切实际的。

一般说来，自大的人或多或少都拥有某方面的特长，总觉得自己有值得骄傲的资本。然而，每个人都有优点与缺点，倘若各以所长，相轻所短，那长处就可能变成短处，成为羁绊自己脚步的绳索。毕竟一个人的能力再大，终究还是有限的，缺乏众人的支持与协助，很难有大的成就。而适度自大，则可扬其所长，避其所短，给自己打气，这是可取的。所以，人应该发扬"适度自大"的精神，无所畏惧地勇往直前。如果能把自大化为前进的动力，促使自己成功，我们又何苦压抑自己呢？

精卫虽小，犹有填海之心；雏鹰未丰，乃存搏云之志。宇宙之万物，无论大小，只有将心志放宽，才有更广的疆域、更多的机会来驰骋，来展现自己。有句话说得好，心有多大，舞台就有多大。很多事情不是你不能去做，而是你一直没有勇气去尝试。自大中虽然潜伏着危机，却也暗藏着机遇。只有想不到的，没有做不到的。适度自大，让你成就精彩人生！

认清自己，放低姿态

自大者狂妄无知，令人鄙夷，即使是有一些本事的人，自大起来也毫无益处。有了本事就把尾巴翘上天，自认为高人一等，这其实是不知天高地厚的浅薄气在作怪。正如伏尔泰所说："妄自尊大只不过是无知的假面具而已。"跟自大的人打交道，你要么会因为这样的人全无自知之明而瞧不起他，要么会被他的自大所夹带的攻击性伤害。总之，与自大的人交往会让你很不舒服。

绝大多数人都身处平凡的生活中，每当你骄傲时，适当的失败会给你教训，使你不得不谨慎小心地面对现实，比较容易清楚地知道自己的分量。而当我们置身于无往而不利的状态中时，接连的成功常常会使我们迷失自我，误以为自己已经得到打开成功大门的钥匙，变得狂妄自大起来。

心理学中有一个"巴纳姆效应"，说的是人很容易受到来自外界信息的暗示，从而出现自我知觉的偏差，认为一种笼统的、一般性的人格描述可以十分准确地揭示自己的特点。比如，我们常常过分夸大自己的实力，常常无视别人的成功，并且以为自己也能轻易做到。

古希腊的先贤们早在两千多年前就在阿波罗神庙中刻下"认识你自己"的铭文，可是大多时候，我们依然容易被生活所迷惑，依然无法清醒地认识真正的自己，我们借助外在的信息来了解自己，结果总是出现偏差。做人要有自知之明，要懂得自己能做什么、不能做什么，也要懂得什么可以做，什么不可以做，凡事都要量力而行，超出了自己的能力范围，就只会带来更多的困扰。

古人云："骄兵必败。"人一骄傲，一自大，纵有天大的本领，也难成大事。在战场上，若是自大，必会轻敌冒进，结果一败涂地。在商战中，若是自大，就会给竞争者以可乘之机，还会把与合作伙

第五章
自大——高度不是由心气决定的

伴的关系搞僵，让自己孤立无援。

自大的危害是显而易见的。正如苏轼所说："一生嗾硬眼无人，坐此困穷今白首。"陈毅诗云："历览古今多少事，成由谦逊败由奢。"这些都道出了骄傲必败的道理。因此，我们要放低姿态，学会谦虚。

克雷洛夫是俄国伟大的寓言作家，他的寓言写得既多又好。有一次，一位朋友夸赞他："你的书写得真好，一版销完又印一版，比谁的书都印得多。"克雷洛夫却这样回答："不，不是我的书写得好，是因为我的书是给孩子们读的，谁都知道，孩子们是容易弄坏书的，所以版次就印得多了。"

谦虚不是退避，更不是推诿，而是虚怀若谷，不耻下问，精益求精。谦虚不是虚伪，更不是虚弱，而是放开心胸容纳他人，低下头来尊重他人。正如戴尔·卡耐基所说："谦虚让你懂得与他人共分劳动成果，这样不易树敌，而且让人感到德厚如春风，让人愿意亲近。"

可见，谦虚其实更多的是一种人生的自省。一个人越是知识渊博、才华出众、成就非凡，他的眼界往往越高，对世界无限、人生有限的认识越深刻。

"谦卑在人前，所向尽通；傲慢在人前，寸步难行。"谦虚，是为人处世的重要准则。谦虚的人，脚踏实地，努力补足不全，失败就会少一些。因此，我们要时刻认清自己，放低姿态，这样才能更好地发展自己。

第六章

自私——你的眼里还要容下别人

　　自私是人性的弱点中最可怕的一个,它会扭曲人们的心灵,造成心理疾病。一旦患上心理疾病,这个人就再也无法超越自己了。一个人只想着自己的利益,终究会毁了自己。

人们都说爱情是排他的、自私的，从一个人所选择的工作中可看出他的爱情自私指数。以下这几种工作，你最愿意从事哪一种？

A. 作家。

B. 摄影家。

C. 雕刻家。

D. 画家。

解析：

A. 在爱情中，你对对方的长相、所拥有的资产并不看重，你最在乎的是对方对你的感情。你厌恶自私的人，所以你推己及人，会常站在对方的立场上思考问题。但应注意技巧，因为迫使对方接受你自以为是的好意，从另一个角度来说，不也是一种自私吗？自私指数40%。

B. 你喜欢爱情中的互动，只要对方能使你感到快乐，你就会给予回报。你心中有对方，也尊重对方。你喜欢默默观察对方的需求，再用出其不意的方式，在特别的时刻做出让对方惊喜的事来。自私指数15%。

C. 你对爱情很认真，一般主动出击，不愿受制于人。你希望按照自己所想塑造爱情形态，若是爱人能配合你，你们就能相安无事，你也会是一个好的爱人；若是对方个性很强，不想任你摆布，你那不能掌握一切的不安感就会发作。自私指数60%。

D. 你是个很自私的人，想做就做，想笑就笑，向来为自己而活，不想遵守社会所订立的规范。爱人想要改变你简直是天方夜谭，你的我行我素、独断专行的作风，常让对方苦恼。自私指数90%。

第六章
自私——你的眼里还要容下别人

自私扭曲了人的心灵

自私是用来达成自我的。所以，自私是一种对自我存在的觉察与感知。自私的人看问题的视角都是自私的。

自私是人性的弱点中最可怕的一个，它会扭曲人们的心灵，造成心理疾病。一旦患上心理疾病，这个人就再也无法超越自己了。一个人只想着自己的利益，终究会毁了自己。

自私的人，大多视金钱如生命，在他的心目中，利益高于一切、重于一切、先于一切。他们就是以金钱为原则进行人生交易、维持人际关系的。

自私的人，一旦手握大权，便会假公济私，中饱私囊，不管贪赃来的钱用于何处。他们私吞建筑资金、政府拨款，甚至为赈灾筹集的捐款。

自私的人，只在乎自己的感受，恨不得周围的人都围着他转。他从来不站在他人的立场上考虑问题，也从不宽容或迁就他人，与人方便。

自私的人，总想得到他人的关心，却对他人不管不问。他们不仅没有感恩之心，还会为了私利过河拆桥，隔岸观火。

自私的人，不能吃亏。即使已经让他人占了便宜，也早晚要补偿回来。他们精于算计，很少上当。

自私的人，良心泯灭，道德丧失，他们为了自身享受甘愿牺牲人格。

在自私的人的人生字典里，根本找不到幸福和快乐，因为他们不懂得一个人给予别人的幸福和快乐越多，自己得到的快乐和幸福就越多；如果他友善待人，别人也必定以友善相回报。自私的人只知道自己缺什么，需要什么，如何最快地满足自己，其余的在他们眼中都是次要的。

人一旦变得自私自利后，就会厚颜无耻。自私者只关心自己而无视他人的利益，个人的"小我"吞没了大我，上帝也就变成了他自己。这种私欲恶性膨胀的人永远不会感到满足，所谓人心不足蛇吞象讲的就是这种极端自私的人。这种人终究会被自己恶性膨胀的私欲所吞噬。

自私的人看似不可救药，其实也可改变，只需转变心态即可。一个心境健康的人就会思想高尚，行为正派，就能自觉地摒弃各种肮脏的想法，不与邪恶为伍。要想战胜自私，就要从各方面修炼自己，大度一些，对物质利益看淡一些，为别人多想一些，不再凡事以自我为中心，只有这样，才能摆脱私心的纠缠。

别让自私的杂草在心里蔓延

人人都有私心，这是毋庸置疑的。私心是人类的通病。可以说，是生存的本能滋生并助长了人们的私心。譬如，在竞争激烈的现代社会，中考、高考就如独木桥，让千万考生竞折腰，有的孩子为了

第六章
自私——你的眼里还要容下别人

金榜题名，比他人学到更多的知识，往往将自己买的好的复习资料藏起来。在职场中，人们为了自己的利益钩心斗角、互相挤对，即使自己创业也会面临同行的排斥、拆台等。这些都使很多原本私心不重的人慢慢变得以自我为中心，很少考虑他人的立场和感受了。

有一位职场白领曾向心理医生诉说了自己的苦恼："几天前，公司组织大家去参加了一个展览会，我的一个同事负责给去的人印名片，结果他将我的联系方式印错了，直到出发前他才把名片给我，并告诉我已经来不及改了。到了展览会后，他劝我既然名片有误最好不要发，发他一个人的就行了。我在和自己的老客户聊天时，他也随时盯着我，并加入我们的谈话，以期得到客户的认可。最让我感到气愤的是，他明显是在阻止我与客户交流，生怕我和客户联系上，他觉得所有客户都应该是他的。我觉得他太自私了，他现在成了我的一大烦恼，我真不知该怎么面对他，是指责，还是向领导戳穿他虚伪的面目，或者另谋出路？"

这位白领的困惑是许多身在职场中的人都曾遇到过的。为了取得更大的业绩，获得更多的奖金，许多人不择手段，甚至窃取同事的订单，将其占为己有。这是一种病态的职场心理，有这种心理的人已经丧失了做人的准则，不讲职场规则，把自己利益看得高于一切，只要能得到赏识，得到金钱，用什么方法都行。他们只在乎自己，不管别人的利益是否受到损害。而且当同事强于自己时，他们会感到难受，因而总是想方设法地为别人设置障碍。另外，心胸狭隘、斤斤计较、缺乏同情心等也是他们的共同特征。

私心人人都有，只不过有大小的差异。既然如此，我们每个人都应好好反省自己，正视自己的私心，不让自私的杂草在自己心中蔓延。

戴尔·卡耐基认为，自私是人类的天敌，要想彻底去除它实属不易。但它并非不可遏制，只要让自己的爱心多一些，自私就会从你心中慢慢消失。你可以尝试用以下方法调适自私的心理：

1. 在生活中多帮助他人，多做好事。这样可以纠正自私的心态，从他人的赞许中得到快乐，使自己的灵魂得到净化。

2. 经常反省自己，从自己自私行为的不良后果中看到危害和问题，从而将自己从"陶醉在占小便宜的思想状态"中抽出。

3. 每当私心出现时，要提高警惕，转移自己的注意力，或开导自己，不让自私有可乘之机。

自私是人最大的问题之一，人能在多大程度上合理解决自私的问题，就能在多大程度上解决好做人的问题。做人的问题处理好了，也就有了把事做好的基础。

给予别人，你会收获快乐

自私的人只想从他人那里得到什么，而很少想到要为对方做什

第六章
自私——你的眼里还要容下别人

么，能为对方做什么，哪怕仅仅是举手之劳。其实，自私的人若是从小事上为对方考虑，久而久之，就会不再以自我为中心，而他们的生活也将逐渐美好起来，因为给予是快乐的。

戴尔·卡耐基说："世界上充满了这些人：自私、乐于掳取，所以少数不存私心为别人提供帮助的人，能够大获成功，他们几乎遇不到竞争对手。"

保罗在圣诞节前夕收到了哥哥送给他的一辆新轿车。一天，他看见一个小淘气正在看他的新车，小男孩问道："这是你的车吗？"

保罗说："是的，这是我哥哥送给我的圣诞礼物。"

小男孩吃惊地说："你是说这车是你哥哥白白送给你的？天哪！我希望……"他犹豫了一下。保罗当然知道他希望自己也有一个这样的哥哥，但是那个小男孩却说："我希望将来能像你哥哥那样。"

保罗很受感动，于是邀请他坐车兜一圈。小男孩很高兴地接受了，并让他把车开到自己家门口。保罗本以为这个孩子是想在邻居们面前炫耀一下。但是到了指定地点后，小男孩跑进家里，背出来一个脚有残疾的孩子，然后指着车对他说："你看那辆新车，那是他哥哥送给他的礼物，你等着，有一天我也会送你一辆车。"

生活中，我们能给予别人的东西实在太多了。例如，为失学儿童捐一笔钱，对落难者实施援助，帮勇士制服歹徒，这些都是给予。当然，这样的给予由于个人的财力、体质等条件的限制，并非每个人都能做到。但日常生活中还有许多细微的小事可以去做，如为陌生人指路，在公共汽车和地铁上给需要的人让座，帮老人拎东西，在他人摔倒时伸手拉他一把，看见小朋友做危险的事时及时制止，等等。这些事虽小，却会让受帮助的人心里觉得暖烘烘的。

若遇上突发的事件，如有人突然病发晕倒或有人落水等，应视自己的能力决定帮助的方式，能帮得上的，直接伸出援手；帮不上的，积极寻找可能的帮助，如及时报警、叫救护车等。

把快乐给予别人，世界便到处充满快乐；把信任给予别人，世界上就不会有猜忌。给予是一种快乐，也是一种幸福。"赠人玫瑰，手有余香。"给予别人，自己也是幸福的，因为这样既帮助了别人，也满足了自己。

有人说，手心向下是给予，向上是索取。人要学会手心向下而不是向上。经常手心向下的人才能真正感受到世间的美好。因为，助人为乐，自己也快乐。

多为他人的利益考虑

戴尔·卡耐基认为，与人交往的前提是理解对方，每个人都有自己的希望和追求，想要成为值得对方信任的人，就必须尝试着了解和尊重对方的需求。当你努力帮别人实现和创造幸福的时候，一

第六章
自私——你的眼里还要容下别人

定会打动对方的心,从而拉近彼此的距离。

人的行为驱动力往往就是欲望,满足欲望是正常生活的一部分。如果满足了一定的欲望,那么生活也就会增添相应的幸福,而这种幸福并不总是由自己创造的,有时也可以由别人给予。当你伸出援手,达成了别人的心愿、满足了别人的欲望时,实际上就给予了对方幸福,那么对方一定会加强对你的信任,甚至真诚地予以回报。

心理学家发现,许多人都存在为他人利益着想的行为,一些人甚至不惜牺牲自己的利益来保全他人,这种利他主义行为实际上体现出的是一种宽广的胸怀。正是因为这种利他心理的存在,很多人甚至会为了维护朋友的利益而牺牲自己的利益。

李嘉诚鼓励利润分享,认为让每个环节的合作伙伴都有利可图,这样的生意才是最成功的,也才有可能做大。他说:"假如拿10%的股份是公正的,拿11%也可以,这时如果只拿9%的股份,就会财源滚滚来。"正是由于甘愿将自己应得的部分利润拿出来与对方分享,李嘉诚才赢得了越来越多的合作伙伴与商机,他的事业才越做越大。

此外,李嘉诚还善于照顾竞争对手的利益。他曾说过:"最简单地讲,人要去求生意就比较难,生意跑来找你,你就容易做。一个人最要紧的是要有中国人的勤劳、善良的美德;最要紧的是对自己要节省,对人却要慷慨,这是我的想法。讲信用,够朋友。"关于这一点,有很多事例可以证明。例如,李嘉诚鼎力帮助包玉刚购得九龙仓，又从置地手中购得港灯，还率领华商众豪"围攻"置地。但李嘉诚并未因此而与纽璧坚、凯瑟克结为冤家，每一次战役之后，他们都握手言和，并联手发展地产项目。

"要心怀善念，照顾对方的利益，这样人家才愿意与你合作，并希望下一次合作。"一个追随李嘉诚几十年的人谈到李嘉诚的合作风格时说，"凡与李先生合作过的人，哪个不是赚得盆满钵满！"

"与人为善，自己也方便。"既让他人挣了钱，自己也有得赚，这样的事李嘉诚最乐意做，也经常做。只有着眼于长线经营，与同行真诚地合作，取长补短，互惠互利，携手并进，才能获得源源不断的收益。所以，他能从小做大，一步步走向成功。李嘉诚的这种理念值得人们去效法。

懂得满足别人，并施人以幸福，对方才会愿意同你一起分享。幸福有我的一半，也应当有你的一半。实际上，你懂得如何去满足对方，对方就懂得如何感恩，这是一种情感的互换，并且在这一过程中感情往往会变得更加深厚。

戴尔·卡耐基说："只有了解了大家的兴趣，投其所好，才能产生沟通和交往的契机。"别人不想要的，不可强加给对方；别人想要的，就应该尽量予以满足，不过这种满足必须遵循一定的条件，帮助朋友并不是单纯地凭借义气，而应该控制在道德和法律的范围之内，一旦超出了道德和法律的范畴，那么你的行为就是助纣为虐，性质也完全改变了。

第七章

自卑——你不是生活的小丑

无论自卑因何产生,它都是限制人们交往的严重心理障碍,它直接阻碍了一个人走向群体与其他人交往,更对人的成功有着巨大的负面影响。

自卑是心理问题最主要的症结之一，有位著名的心理学大师认为，所有心理障碍的原因都能归结到自卑上来。因此，我们不妨进行一个自我测试，你若有兴趣知道自己是否也心存自卑感，就请认真回答以下10道题。

1. 遇到困难，你是否想寻求帮助，却又难以开口，怕遭到他人耻笑？

2. 当别人有麻烦时，你会幸灾乐祸吗？

3. 你爱向人夸耀自己的能力和"光荣历史"吗？

4. 你很在乎自己的学习成绩、工作成绩吗？

5. 你认为入乡随俗是一件困难的事吗？

6. 如果有一天，你在众人面前丢了面子，你会为此而闷闷不乐很长时间吗？

7. 你会对陌生的人或地方感到恐惧吗？

8. 你是否常常自问"我能行吗？"之类的问题？

9. 你常常觉得自己是不利处境下的牺牲品吗？

10. 你很爱慕虚荣吗？

解析：

以上10道题，答"是"得1分，答"否"得0分。8分以上说明你的自卑心理很强；4～8分说明你基本上是有信心的，但过失感在你的生活中扮演着重要角色；0～3分说明你充满了自信，自信成了你生命中的阳光，让自卑在你的体内无处隐藏。

第七章
自卑——你不是生活的小丑

给自卑者的心理画像

自卑是人与生俱来的一种心理现实，从广义上讲，它泛指对自己持批判或否定的态度，而在这种态度的背后，则是一种无能感、无力感或恐惧感。从这些基本感受出发，我们可以看出自卑感是人人都有的，只不过每个人自卑的程度不同而已。

大卫·梅克是《福布斯》的总编，该杂志与《财富》《商业周刊》齐名，影响力极大。在一次会议上，他宣布将要解雇一名员工。散会后，有位员工出现了担心、紧张的情绪，因为他感觉自己在公司的表现似乎很糟糕，忐忑不安之余他忍不住直接去找大卫·梅克问："您要解雇的人是不是我？"大卫·梅克看了他一眼，然后慢悠悠地说："本来我还没想好要解雇谁，现在，既然你提醒了我，那么就是你了。"就这样，那位员工当场就被炒了鱿鱼。

一个不懂得自我欣赏的人只会与自卑为伍，更不会得到别人的欣赏和认可，因为他们发现不了自己的价值，当然也就发挥不了，对于别人而言自然也就是没有价值的。

自卑心理是由于不恰当的自我评价和自我认识所引起的自我否定、自我拒绝的心理状态。自卑，并不是指客观上真的不如别人，而是主观上认为自己不如别人，觉得自己不够好。例如，在现实生活中，有人经常怨自己愚钝，学东西没有他人快，反应总是慢半拍；在重要的会议上，有人将早已准备好的演讲稿藏起来，唯恐遭到他人的嘲笑；有人每做一件事都觉得自己处理得不够完美，要是他人去做，结果肯定会更好。这些都是自卑心在人们身上的表现。

在人生舞台上，有很大一部分人常常顾影自怜，终日唉声叹气，怨自己时运不济，才能有限，他们总认为自己很平庸，幸福和成功与自己相距甚远，他们常暗自神伤地感慨道：天生我才没有用！这种自卑使他们的生活阴霾密布，难见灿烂阳光。即使有机会、有能力赢得幸福与成功，他们也常常会因自身的胆怯、自卑与之擦肩而过。

自卑，其实就是自己看不起自己，自认为天生不如别人，比别人矮了半截。自卑的人受到别人的一点肯定就会感到受宠若惊或飘飘然；遇到一点难题或压力，就心惊肉跳，惴惴不安。其实，并不一定是他们真的不如人，而是他们过于夸大自己的劣势，不能清楚地审视自己，或是只看到他人的优势，从而自惭形秽，把自己放在低人一等的位置上，并由此陷入无法自拔的痛苦境地。

自卑的人经常情绪低落，对什么都不感兴趣，忧郁、烦恼、焦虑便纷至沓来。他们无论对待工作，还是对待生活都心灰意冷、万念俱灰，失去了奋斗拼搏、锐意进取的勇气。倘若遇到困难或挫折，他们更会长吁短叹，怨天尤人，抱怨生活给予了自己太多的坎坷。自卑的人通常性格懦弱、内向，意志比较薄弱。这种人对于别人的误解与无端责难总是习惯性妥协、默默忍受。他们常因害怕被人轻视而很少交际，缺少知心朋友，甚至自疚、自责、自罪。自卑的人，信心不足，做什么事都犹豫不决，他们不敢与人竞争，因而总是抓不住稍纵即逝的各种机会，享受不到成功的欢愉。

自卑者与自信者产生了强烈的反差：自信者浑身充满活力，信念坚定，勇于突破自己，竭力去做人生舞台上的主角；自卑者认为自己没有能力，只适合当观众。

那么自卑是如何产生的呢？奥地利心理学家阿德勒认为，自卑是因幼年时期的无能而产生的不胜任、痛苦的感觉。还有人认为自卑源于个体的某些生理缺陷或心理缺陷等。

无论自卑因何产生，它都是限制人们交往的严重心理障碍，它直接阻碍了一个人走向群体，去与其他人交往，更对人的成功有着巨大的负面影响。戴尔·卡耐基认为，克服自卑、培养自信的方法就是做你害怕去做的事，去获得一次成功经验带来的愉悦。只有克服自卑，才能找到真正的自我。

沉溺于自卑中会让人碌碌无为

自卑最大的负面作用就是会让人一生碌碌无为。它会控制你的生活，当你面临决定和取舍的时候，抹杀你的勇气与胆略；当你遇到困难的时候，站在你的背后大声地吓唬你；当你奋勇前进的时候，拽住你的衣袖，叫你小心雷区。

在人的一生中，有些重大的决定将直接影响我们的一生。如果在这些人生的重要时刻，任凭自卑左右我们的决定，将造成无法弥补的损失。例如，英国人富兰克林就是因为自卑才与诺贝尔医学奖失之交臂，将近在咫尺的成功拱手让给了他人。

1951年，英国人富兰克林从自己拍得极为清晰的DNA（脱氧核酸）的X射线衍射照片上，发现了DNA的螺旋结构，并就此举行了一次报告会。然而富兰克林生性自卑多疑，总是怀疑自己的论点的可靠性，后来竟然放弃了自己先前的假说。可是就在两年后，沃森和克里克也从照片上发现了DNA的分子结构，提出了DNA的双螺旋结构假说。这一假说的提出标志着生物时代的开端，霍森和克里克也因此获得了1962年的诺贝尔医学奖。假如富兰克林是个积极自信的人，坚信自己的假说，并继续进行深入研究，那么这一伟大的发现将永远记载在她的英名之下。

一个人本来可以取得惊人的发现，却因自卑而功败垂成，这不能不让人扼腕长叹。其实，在我们的周围，有很多像富兰克林这样的人。例如，有的人本来有足够的能力去完成学业或工作任务，但由于过低地估计自己，信心不足，认为自己没有这个能力，结果失败也在情理之中了。

第七章
自卑——你不是生活的小丑

周国平在《论自卑》一文中对此进行了精辟的论述：

据我所见，自卑者多是两个极端。其一的确是弱者，并且知道自己的弱，于是自卑。这种人至少有自知之明，因而值得我们尊重。其二是具有某种异常天赋的人，他隐约感觉到却不敢相信自己有这样的天赋，于是自卑。这种人往往极其敏感，容易受挫乃至夭折，其幸运者则会成为成功的天才。

……

的确，我曾说过，一切成功的天才之内心都隐藏着某种自卑。可是倘若有人因此而要把自卑列入成功之道，向世人推荐，则我对他完全无话可说。如果非说不可，我也只能告诉他两个最简单的道理：

其一，人可以培养自信，却无法培养自卑；

其二，就世俗的成功而言，自信肯定比自卑有用得多。

有的人本来很有才华，却不敢在众人面前展现自己，他们将自己的才能隐藏起来，自己唱歌给自己听，自己写诗给自己看。可以说，是他们自己将自己埋没了。这样的人，对自己都没有信心，认为自己没有希望，他人更不可能对其抱有太大的幻想。久而久之，他们将一直自卑下去，他们的人生也会始终暗淡无光，碌碌无为。更可悲的是，他们并不感到遗憾，反而觉得这就是命运的安排，自己的一生本该如此。

戴尔·卡耐基说："没有人注定一生平庸，你才是自己命运真正的主人。"如果你想走向卓越，就应先打破自卑的枷锁，信心十足地去做每一件事。即使遭遇挫折，哪怕面对一次次失败，也毫不气馁，仍然奋勇向前，如此，你才能从无为到有为，告别平庸，成就多彩人生。

驱逐深藏内心的自卑感

现实生活中，每个人自卑的原因都不同，有的是因为家境不好，有的是因为相貌平平，有的是因为能力不足等。但是我们发现，这些缺点或不足并不是导致自卑的根本原因，最根本的原因是思想认识上的错误——完美主义在作怪！完美主义者产生自卑的原因有很多，他们喜欢给自己设立过高的目标，结果使自己永远处于达不到自我要求的失败境地，导致了自卑感的产生。

戴尔·卡耐基认为，自卑感是人类成长过程中必不可少的东西，因为任何人的能力都会有所不足，因而也就容易产生自卑。为了克服自卑，只有努力奋斗。这样看来，自卑其实并不可怕，从某种程度上来讲，自卑也是推动一个人不断完善自我的动力。然而自卑感并非在任何情况下都是如此激励人心、催人奋进的，更多情况下，人们会因为处理不好自卑感而引发各种各样的心理障碍或心理疾病。此外，自卑容易消磨人的斗志，就像一把潮湿的火柴，再也燃不起兴奋的火花。长期被自卑笼罩的人，不仅会在心理上失去平衡，生理上也会发生失调和病变。因此，我们一定要改变自卑心理。

第七章
自卑——你不是生活的小丑

那么如何驱逐深藏内心的自卑感呢？我们可以从以下几个方面去努力：

1. 正确对待失败。人生之路，一帆风顺者少，曲折坎坷者多。成功是由无数次失败构成的，正如美国通用电气公司创始人沃特所说："通向成功的路，即把你失败的次数增加一倍。"但失败对人毕竟是一种负面刺激，总会令人不愉快、沮丧、自卑。因此，遇到失败和挫折时应正确分析主、客观原因，并找出相应的解决方法。

2. 增强自信。做一件事之前，首先应有信心，只有相信自己，才能攻无不克，战无不胜；只有相信自己，乐观向上，对前途充满信心，并积极进取，才是消除自卑、促进成功的最有效的方法。

3. 警惕消极用语。自卑的人经常使用一些消极的自我描述，如"我就是这样""我天生如此""我不行""我没希望""我会失败"等。如果你总是把这些消极用语挂在嘴边，就只能使你更加自卑。你应该把这些句子改成"我以前是这样""我一定要做出改变""我能行""我可以试试""这次会成功的"，并且要经常对自己说，或把它们都写下来贴在醒目的地方。

4. 全面了解自己，正确评价自己。"金无足赤，人无完人"，每个人都有自己的长处和短处，要学会对自己进行公正、全面的评价，既不沾沾自喜，也不顾影自怜。不要死盯着自己的短处，让自己背上沉重的包袱，要善于挖掘和发挥自己的优势，补己之短，扬己之长。

5. 增加成功的经验。一个人成功的经验越多，他的期望也就越高，自信心也就越强。因此，要想办法不断增加自己成功的体验，可以从完成一些力所能及的事情入手，确保首次努力的成功，形成良性循环。在遇到困境、感到自卑时，可以先改做一件比较容易成功的事情，以便增强信心，消除自卑。

6. 向他人倾诉心中的自卑感。为了尽快摆脱孤立无援、独自苦恼的状态，不妨将自己的困惑向值得信赖的人诉说，争取他人的"共鸣性理解"。倾诉对消除自卑感具有良好作用。

7. 选准参照物。在与别人比较时，为了避免自卑心理的产生，我们应该选择与自己各方面相类似的人进行比较。自己与参照对象相差悬殊，或者拿自己的缺点与别人的优点相比，总免不了心生自卑。与人比较时要讲究"可比性"，选择适当的参照物，否则只有"人比人，气死人"。

战胜自卑的过程，其实也是磨炼心志、战胜自我的过程。这就要求我们正确对待自身缺点，把压力变成动力，奋发向上，以一种积极的态度进行理性的思考，不断把个人独特的力量转化为有效的行动。这样就能将自卑从心里赶出去。

自信的人更美丽

英籍物理学家钱致榕来华时谈起他中学时代的一段经历。那时很多学生不求上进，在考试中作弊。有一位责任心很强的老师从300个学生中挑选出60人组成了"荣誉班"，钱致榕也在其中。当

第七章
自卑——你不是生活的小丑

时老师明确宣布，他们是因为有发展前途才被挑选出来的。被选中的人十分高兴，对前途充满信心，踏实学习，后来大多成了才。

后来，钱教授遇到那位老师时，才知道这60个学生是随机抽签决定的。这件事很发人深思。由于学生被告知他们是"很有发展前途"才被挑选出来的，这就使他们产生了强烈的自信心，因而自尊、自爱、自强并终于成才。可见，树立自信心，接受自己，肯定自己是走向成才之路的第一步。

自信，就是要相信自己，想战胜自卑，就要自信。每个人都有缺点，也都具备某些潜能，所以要树立信心，只有这样才可能拥有积极的心态。

有了信心，人才会镇定自若地面对挫折和困难；有了信心，人才有足够的勇气排除险阻，克服自卑；有了信心，人才能拉下面子，虚心求教，弥补自己的不足；有了信心，人才能不断进取，走向成功。可以说，自信是成功的基石。如果连自己都不相信了，还会有什么主动行为呢？生活在别人的影子下终究是一个人的悲哀。要建立自信，就要先接受和肯定自己。

一个叫黄美廉的女子，自小就患上了脑性麻痹。此病使人肢体失去平衡，手足经常乱动，眼眯着，头仰着，嘴巴张着，发出含糊不清的声音，模样极为怪异。这样的人其实已失去了语言表达能力，等同于哑巴。

但黄美廉却凭着惊人的毅力完成了学业，并被美国著名的加州大学录取，后来她又获得了艺术博士学位。她凭借着手中的画笔来抒发自己的情感。

在一次讲演会上，一个中学生竟然大胆地向她提出了这样的问题："黄博士，你从小就长成这个样子，请问你怎么看你自己？"一语说完，全场默然，人们都暗暗责怪这个学生的不敬，但黄美廉却淡然一笑，然后在黑板上写下了几行字："一、我好可爱；二、我的腿很长很美；三、爸爸妈妈那么爱我；四、我会画画，我会写稿；五、我有一只可爱的猫；六……"最后，她以一句话作结："我只看我所有的，不看我所没有的！"

黄美廉此举赢得了人们经久不息的掌声。她以自己的亲身经历，道出了走好人生路的真谛：人不可自卑，要接受和肯定自己。接受自己就是不否认自我，不回避现实；肯定自己就是尽力发挥自己的优势，多看多想自己好的一面，这样就能增强信心、充满活力。

人生之路坎坷颇多，有时候，上天在我们的起点就设置了诸多障碍。比如，很多人有先天的缺陷，有的暴露在外，有的隐藏在内。身体发肤受之父母，我们根本无法选择，但内心状态、精神意志却完全可以靠自身的力量去改变。在这个竞争日益激烈的社会，只有相信自己，接受和肯定自己，才能扬起人生的风帆。任何悲观情绪都不利于你走好人生之路。

第八章

抱怨——怨天尤人只会让生活更加糟糕

抱怨只会让我们的身心越来越疲惫，让我们的人际关系陷入僵局，让我们只注重过去的鸡毛蒜皮的小事，而忽视了眼前的大事。

一个下雨天，你正在马路上走着，忽然从后面驶来一辆汽车，你躲闪不及，被溅了满身脏水，这时，你会先做什么？

A. 赶紧擦擦身上的脏水。

B. 追着汽车大骂。

C. 往人行道里面挪一点，心里很气愤。

D. 摊开双手，表示很无奈。

解析：

A. 你是一个追求完美的人，生活中的不如意常会让你感到烦闷，因此你的抱怨指数也颇高，达到70%。

B. 你的脾气暴躁，一丁点儿小事就会大发雷霆，你的抱怨指数是90%。

C. 你性格内向，虽然对很多事情看不惯，但从不向他人表露出来，你的抱怨指数是40%。

D. 你是天生的乐天派，即使遇到烦心事也能很快化解，你的抱怨指数是10%。

第八章
抱怨——怨天尤人只会让生活更加糟糕

抱怨于事无补，却令心情更糟

很多人都有爱抱怨的毛病，他们上班抱怨工资太低，下班途中抱怨塞车，回到家抱怨爱人不够体贴、孩子不听话、家务事一大堆……好像生活中到处都充满了值得抱怨的东西，工作、家庭、金钱，甚至连本来该是快乐所在的爱情，都变成了背上的枷锁。

一个班里有两个从同一个村里来的女孩子，她们好不容易考进了城里的高中，但是成绩却不理想，而且每次上课她们不标准的普通话都会引得全班哄堂大笑。其中一个女孩子总在抱怨，村里的老师普通话都不标准，在村子里条件不好，家里穷苦，总要帮着做农活没有时间学习……另一个女孩子安静而沉默，总是默默地坐在教室的角落。

多年以后的同学聚会上，一个穿着入时的女子让所有人都大吃一惊。那个曾经在教室角落里默默写作业，独自在走廊上练习普通话的农村女孩全然成了一个城市白领。而那个和她同村的女孩子却已为人妇，一副村妇的打扮，坐下来便开始大声抱怨丈夫的无能，家里条件的困苦。那些抱怨只换来了别人的不耐烦，而真正钦佩的目光，全部集中在安静微笑的女孩子身上。

抱怨的人不见得思想有多复杂，心地多邪恶，相反，他们还可能很善良、很单纯，却因为爱抱怨的毛病而常常不受欢迎。抱怨的人自以为遭受了人世间最大的苦难，而忽略了别人可能也有同样的经历。

人人都会遇到坎坷和不如意之事，尤其是在现代社会，人们都面临着巨大的压力，很多人常因为日常琐事而心烦意乱，这样看来，抱怨属人之常情。难道不许别人说一说苦闷吗？然而困难是一回事，抱怨是另外一回事。抱怨的人认为自己本应获得成功和幸福，只是社会太不公平了，或者是自己时运不济、他人从中作梗。这就可能把事情的因果关系弄颠倒了。

可以说，抱怨的人不能坦然承认自己的失败，不敢面对残酷的结局，而一味地将过失和责任推给他人。他们是在怨天尤人，是在通过抱怨这种发泄方式向他人寻求心理的认同。

但是难道抱怨之后事情就会出现转机，心里的郁闷就能得以疏解吗？事实上，抱怨非但于事无补，而且往往令人心情更糟。

找人倾诉本来是一种很自然的情绪宣泄方式，但无节制地抱怨，不但不能消除烦恼，反而放大了原来的痛苦，使人陷入满腹牢骚、抱怨不休的恶性循环中。衡量抱怨是否过度，要看你抱怨完之后心情是否舒畅，是否能找到解决问题的办法。如果只是抱怨而不去想怎么解决问题，那这种抱怨就是过度的，你就需要警惕陷入负面情绪。

戴尔·卡耐基说："如果你想抱怨，生活中的一切都会成为你抱怨的对象；如果你不想抱怨，生活中的一切都不会让你抱怨。"

第八章
抱怨——怨天尤人只会让生活更加糟糕

抱怨多数情况下是在比较中产生的,但是比较什么、怎样比较,随着参照物的不同,结果也会有很大的差异。有些人只看到他人表面的风光,却不想想对方是经过了磨难才苦尽甘来的。不可否认的是,有的人的确是依靠显赫的家世背景扶摇直上,才走向人生的辉煌的。但这毕竟是少数,多数人仍旧是凭着自身的努力而达成心愿的。前者虽然荣耀一时,一旦发生变故,失去靠山,很可能一败涂地;后者的成功虽是一个漫长过程,但因付出了辛勤的汗水,经过了勤恳地耕耘,所以成功会更持久些。

还有些人总抱怨自己命不好、运气差,难道他人的成功就是因为运气好就一蹴而就、轻而易举的吗?凡是成大事者,哪个不是屡屡受挫,哪个没有尝过失败的滋味?那些喜欢怨天尤人的人应该仔细想想,你做得够多吗?不要刚一碰壁就气急败坏地抱怨起来。

既然抱怨于人于己都无益处,我们应该如何消除它呢?常言道,放下就是快乐。人们之所以愿意和那些乐观的人交往,是因为他们拿得起,放得下,内心不受其他事的困扰,生活需要的信心、勇气和信仰,他们都具备。他们的这种精神还时常能感染别人,让人不再自怨自艾,而是豁达地面对人生的成败,坦然地应对重重困难。因此,人无论境遇如何,无论环境怎样,都要乐观一些。放下抱怨,很多问题就会自然消解,自己也会轻松许多。

不如意时尽量少抱怨

现代社会生活节奏加快,人们被竞争压力缠身,再加上社会分配确实有不公平之处,思想观念交互碰撞,于是人们难免抱怨。这是人的正常反应。找若干好友倾诉一番,把积郁在心头的痛楚与压抑发泄出来,也不失为调节心情、调整状态的好方法。

但是有些人却陷入了对工作、对生活、对他人的无休止的抱怨与指责中,仿佛人们都背信弃义,连老天都不偏向他,使抱怨成为其人生的常态。其实,谁都会遇到不如意之事,若是把抱怨当成一种习惯,久而久之,人就会逐渐把生活中的这些负面的东西放大,产生偏激的思维,让自己的心理失衡,甚至行为失控。

刘小姐和丈夫离了婚,得知丈夫和导致他们婚姻破裂的第三者喜结连理,刘小姐成天苦着一张脸哭哭啼啼。朋友们轮流陪伴她,想帮她度过这段日子。然而一个月过去了,她依然没有任何好转,甚至变本加厉地向前来陪伴她的朋友抱怨丈夫的无情和生活的不公平。

一开始,朋友们都对刘小姐充满同情,并耐心地开导她。但时间久了,面对刘小姐的抱怨,朋友们开始感到厌烦,相继躲开她。没有了可以诉说的对象,刘小姐越发痛苦,陷入了绝境。

第八章
抱怨——怨天尤人只会让生活更加糟糕

是的，当我们遇到了痛苦的事情后，总免不了找人倾诉，想要获得慰藉。在一开始的时候以自己的痛苦换取他人的同情尚可理解，但我们不能忽略一件事：当我们倾诉成瘾的时候，痛苦便被无限放大，使我们沉湎其中无法自拔。可是我们的痛只有自己可以真正体会得到。哪怕你哭得再凶，描述得再真切，旁人永远不能感同身受，最多只是象征性地安慰你几句罢了。

因此，我们必须了解，抱怨不能消除我们的痛苦，也不会给你的形象加分。许多时候，抱怨得越多，我们得到的同情越少。频繁的抱怨，最后只会让他人对你敬而远之。

抱怨使原本平静的生活泛起了层层涟漪。譬如，抱怨爱人不够贤惠，使夫妻失和，家庭争吵不断；抱怨领导不重用自己，搞得上下级关系紧张，让自己处于孤立无援的境地，苦不堪言；抱怨朋友不守信用，使对方负气而走，从此与你断绝往来。

仔细想来，很多抱怨缘于自身。抱怨家人没有本事，其实是因为自己不想努力；抱怨环境不顺，其实是因为自己没有坚定的意志；抱怨朋友不够忠诚，其实是因为自己斤斤计较。

戴尔·卡耐基认为，抱怨的最大受害者其实是自己。在现实世界中，有太多人虽然受过良好的教育，才华横溢，却长期得不到重用，其主要原因是他们不愿意自我反省，总是对外部环境和自己的工作抱怨不休。一个人一旦被抱怨束缚，不尽心尽力地投入工作，只对寻找不利因素兴趣十足，从而使自己发展的道路越走越窄，这无异于自毁前程。

抱怨只会让我们的身心越来越疲惫，让我们的人际关系陷入僵局，让我们只注重过去鸡毛蒜皮的小事，而忽视了眼前的大事。

然而一味地抱怨是没有用的，人生自有得失，发生了的，难以挽回，此时应该做的是调整好心态，动脑筋、想方法、找门路去解决实际问题。这才是我们应有的态度。

正确看待世间的不公平

很多人抱怨自己没有出生在豪门或官宦之家，而是生于贫困的农村，家长无权无势。他们认为，正是家庭背景的差异，才导致自己和他人的生活有着天壤之别。毋庸置疑，社会的确有其阴暗的一面。但我们不能仅凭这一点就否认其美好的另一面。

我们总觉得老天待自己太不公平了。可惜的是，我们每个人都不能成为生活的法官。过多地沉醉于那些公平不公平的思考已经使我们中的好多人背上了"渴求平等"的沉重包袱，从而完全演变成为一种对生活和自己的苛刻。

任何人都无法选择自己的出身，这又有什么可抱怨的呢？有的人出身显赫，人生一路顺遂；有的人生在寒门，必须经历诸多磨难才能取得成功。不公平的生存条件，可能会造就不公平的人生。尽管我们对此无能为力，但我们可以把握住自己，用信念、忍耐和努力来与命运抗争。

第八章
抱怨——怨天尤人只会让生活更加糟糕

戴尔·卡耐基告诉人们,不公平的现象虽然存在,但我们不能因为没有绝对公平的起跑线、绝对公平的机会就宣布退出人生的角逐。我们可以去抗议,可以去争取,但更要在逆境中增强自己的实力,在精神上不被这种现象压垮。

有位心理学家一针见血地指出:"抱怨是失败的借口,是逃避责任的理由。这样的人没有胸怀,很难担当大任。"仔细观察任何一个管理健全的机构,不难发现,没有人会因为喋喋不休的抱怨而获得奖励和提升。这是再自然不过的事了。

一个人的发展受很多因素的影响,其中有很多是自己无法把握的,工作不被认同、有才能却不被重用、事业发展受挫、上级待人不公平、别人总用有色眼镜看待自己……这时,能够帮助自己走出低谷的只有忍耐。

比尔·盖茨告诫初入社会的年轻人:社会不是绝对公平的,这种不公平遍布于个人发展的每一个阶段。在这一现实面前,任何急躁、抱怨都没有益处,只有坦然地接受这一现实并忍受眼前的痛苦,才能扭转这种不公平,使自己的事业有进一步发展的可能。

当你羡慕别人坐拥巨额财富享受高品质生活时,当你妒忌别人拿着高薪身居高位时,当你看到机会总是被别人占有时,你也许会抱怨老天的不公,但你是否问过自己:"我确实付出百分之百的努力了吗?"

爱默生说:"一味愚蠢地强求始终公平,是心胸狭窄者的弊病之一。"因为我们不可能对人生投"弃权"票,所以就必须在停止抱怨的同时,努力提升自己,学会淡然处世。

数数你所拥有的财富

俄亥俄州立大学的心理学教授詹姆斯·麦克纳尔特博士曾和一些学者做过这样一个实验:他们历经 4 年,追踪调查了 82 个家庭。每隔半年,他们就调查一下这些家庭是否有生活压力,对未来的期望是什么,实现了多少,对现状是否满意。结果发现,那些能实事求是地制订家庭目标,并对现状感到满意的家庭,幸福指数通常很高;而那些对未来充满较高期望的家庭则时常陷入相互抱怨和相互指责中。

如果有人这样抱怨:"我哪有什么财富呢?买不起车,买不起房,没有多少钱,日子过得紧巴巴的,你看人家……"我们可以想象得到,这个人说话时的神态和语气里有许多无奈甚至嫉妒。

但是他错了。他不应以静止的观点看问题。今天你没有赚到很多钱,并不意味着明天你依旧如此。你身上一定有某种能力和本事,只要你认真投入地去做,肯定有成功的可能;而且财富也不仅仅指的是金钱,金钱只是财富中比较引人注目的一种而已。面对死亡时,活着是财富;面对疾病时,健康是财富;恋人去世时,曾经的相守

第八章
抱怨——怨天尤人只会让生活更加糟糕

是财富……总之,财富的内容是多种多样的。

戴尔·卡耐基说:"人生最大的悲哀在于,我们永远去羡慕别人,看着别人,对自己已拥有的东西却不去享受。"

父母总是抱怨孩子们不够听话,孩子们抱怨父母不理解自己;男朋友抱怨女朋友不够温柔,女朋友抱怨男朋友不够体贴。他们从未想过,拥有健全的父母、健康的小孩和亲密的恋人是一件多么不容易的事情!许多人认为拥有大量的财富和无限的权力才会幸福,他们为此拼命奋斗,忙得来不及享受自己所拥有的一切。然而事实上,我们已经拥有很多了。

我们最重要的财富就是今天我们所拥有的一切,请万分珍惜它们!你也许一事无成,可妻子照样爱你,孩子一样崇拜你;你没有豪华舒适的房子,却有温暖的家庭;你勤俭持家,虽不富裕,可由于乐于助人,邻里关系融洽,同事、朋友们喜欢与你在一起……这些都是弥足珍贵的财富,只是你没有认识到它们的重要性。

抱怨表示你对现状有所不满,说明你在试图改变它们,在追求你想要的东西,这种欲望和上进心也是财富。而最容易被忽略的一点就是:你现在的不如意、逆境、挫折乃至苦难都是财富!古今中外,凡成就大事业者,无一不是从苦难中走出来的。在逆境中,我们会经受各种考验,终至百炼成钢,成就我们非凡的意志和能力。

看看吧,拥有如此多的财富,你还要去抱怨,这是多么不可思议的事啊!你可以在现在这些财富的基础上再去赚些钱,但千万不要以此为代价去换钱,因为这些财富都是无价的!

一个人现在所拥有的就是他最大的幸福,每个人都是自身幸福的载体,那些美好的体验就是人生的幸福。穷人拥有一间草屋,这是他的幸福;乞丐得了半个馒头,这是他的幸福;患者拿到了良方,这是他的幸福。每个人都拥有生活的馈赠,所以每个人也都要懂得去享受自己的生活,当你忽视自己所拥有的东西时,幸福就已经与你渐行渐远。当幸福来敲门的时候,你能否听见,而你又身在何方?

第九章

自怜——为什么受伤的总是我

对于许多人而言，自怜自艾是一个很容易掉入的陷阱。好像如此就能延迟面对恐惧的时间，闪避个人的行为责任。自怜在很多时候是一种拖延战术，夸大自己的状况有多惨，让人有充分的理由不采取行动加以改善或继续前进。

假如你种的一株名贵植物不幸枯萎了，你会怎么样？

A．将它扔掉。

B．再买一株。

C．不管它。

D．很伤心，发誓不再养类似的植物。

解析：

A．你是一个凡事拿得起，放得下的人，即使遇到了一些挫折和困苦，一旦过去之后就会很快忘记。你的自怜指数只有10%。

B．你做任何事都力求善始善终，凡是自己想做的哪怕付出再多也要完成。你的自怜指数为60%。

C．你是个爱顺其自然的人，自怜于你而言很少发生。你的自怜指数是5%。

D．你是一个彻头彻尾的自怜者，你的自怜指数高达80%。

第九章
自怜——为什么受伤的总是我

越是"自怜"越会"受伤"

人生的可怜往往是从自怜开始的,恰是自怜更易受伤。自怜的人常将自己看成受害者、弱者,将不幸扩大,怨天尤人,他们独自痛饮着自酿的苦酒,用自己所谓的不幸作为不求上进的理由。他们总向他人诉说心中的苦水,以博得同情和帮助。

自怜的人潜意识里存在过多的消极心理,他们常常不自觉地把自己看作世界上最可怜、最悲惨的人,不自觉地把自己与一些文学作品中所描写的悲剧人物的命运相类比,把自己悲剧化。他们在看到作品中人物的悲惨命运而流下同情的泪水时,也慨叹着自己与其相似的可怜之处。其实,这是他们将自己不如意的一面无限地放大导致的结果。

一个人在苦难中挣扎时,往往会将苦难夸大,从而认为全世界只有自己是个倒霉鬼,只有自己一直不顺心。其实,和你处于同等境况并且挣扎在痛苦中的人,并不止你一个。

一位残疾儿童的母亲说:"在出席残疾儿童大会之前,我一直认为世间只有我一个人背负着这样沉重的不幸。但是参加会议时,询问其他人后我才知道别人所承受着的痛苦也许更大。我曾经想过和孩子一起死掉算了。现在想起来,真是太惭愧了!"

你也许是不幸的，但你也许是还算幸运的人。因为你毕竟还拥有很多东西，至少还拥有最为宝贵的生命。如果你能这样想，那么你永远都能看到希望，摆脱困境。

自怜的人总是逃避现实，将自己的不幸、不如意归咎于他人、环境和命运。因而他们的心中必然充满抱怨，甚至怨恨。有时候，他们还会将这种不良情绪发泄到他人身上。例如，有人怪父母没给自己一副好面孔，为此经常和父母生气；有人在工作中出现了差错，不从自身找原因，反而强说是他人的错；有人人缘不好，交不到好朋友，却说人们太势利；有人找工作总是屡屡碰壁，就恨社会资源不够，机会太少，缺少慧眼识泰山的老板；有人和同事关系紧张，就指责他们见利忘义，抱团心理严重。这样的人沉溺于自怜的情绪中，对自己没有一个清醒的认识，看不到问题的关键所在。

戴尔·卡耐基认为，自怜是一般人的习性，你每天遇到的人中，可能有四分之三都饥渴似的需要同情。自怜常与自欺同时出现，一个人总是把自己当成最可怜的受害者，先认定自己是不幸的苦命人，然后再以弱者的姿态用力地去责备别人，或是享受别人的同情，这样做的好处在于不用对自己的行为负责，而可以永远扮演着无辜受害者的角色，且享有不必成长的豁免权。自怜心理一经形成，很容易让人陷入其中，继而产生依赖，逐渐失去向上的动力。

在现实生活中，每个人都会或多或少地受到过一些伤害，这是不可避免的。但是如果紧紧抓住那些伤害不放的话，不但走不出心理阴影，还会使自己的一生始终阴雨绵绵，难有放晴之日。

第九章
自怜——为什么受伤的总是我

人生旅途，漫长而充满惊险，外界的阻挠自不必说，内心的敌人也是一大隐患。与其他心理顽疾相比，自怜便是一处不容易察觉的泥淖，一不小心便会陷入其中。它不会致命，也不见得会留下明显的伤痕，也因其微小而常使人忽略它的危险性，殊不知它却是阻碍我们面对现实、自我反省、接近快乐、获得成功的最可怕的障碍之一。摆脱自怜纠缠的唯一方法是摒弃，如若不然，我们的一生将始终阴云密布，我们会吟着"满纸自怜题素怨，片言谁解诉秋心"的诗句直到终老。

好好呵护心灵的花园

蝉要在地下潜伏多年才能钻出泥土，再从蝉蜕里挣脱出来。潜伏期满后，在极有限的时间内，幼虫一齐涌出地面，一平方米的土地上会同时出现几百只。涌出地面的蝉飞到树枝上，心情愉快地歌唱着生命的喜悦。但残酷的是，它们在地下生活了那么长时间，而在地上只能存活短短的两个星期。

如果有一些蝉因此而自怜，而痛苦，它们会怎样？一生一眨眼便结束了……两个星期的地面生活，对蝉来说是一件不得了的大事，而其他的苦闷与之相比又算得了什么呢？

蝉的一生只有短短的两个星期，而人的一生也是非常短暂的。

在时间的长河中，人与蝉都处于同样的境地，不过是转瞬即逝、不可预测的生命而已。正因如此，我们才应该摆脱自怜心态的困扰，好好呵护心灵花园，更加珍爱生命，开开心心地生活。

毋庸置疑，有些自怜的人的确经受了世间的磨难，他们的心灵布满了创伤，一时甚至一世都难以痊愈。他们看着别人的生活幸福美满，唯独自己如此不幸，自怜情绪油然而生。他们的遭遇的确是不幸的，但更不幸的是他们一直将自己的悲苦延续下去。其实，他们完全可以选择另外一种生活方式。

有一个50岁的女人，丈夫去世不久，儿子又坠机身亡了。她被悲伤和自怜的情绪所包围，甚至产生了自杀的念头。邻居劝她去做些能使自己快乐的事，但50岁的她能做些什么呢？

她过去喜欢养花，但自从丈夫和儿子去世后，花园都荒芜了。有一天，她开始整修花园，撒下种子，施肥浇水。不久，花园里开出了鲜艳的花朵。从此，她每隔几天就将亲手栽培的鲜花送给附近医院里的病人。她给医院里的病人送去了温馨，换来了一声声"谢谢"。这美好的话语如温泉般轻柔地流入她的心田，治愈了她的创伤。她还经常收到病愈者寄来的贺年卡、感谢信，这些卡片和信件帮助她消除了自怜心理，使她重新获得了人生的喜悦。

在现实生活中，很多人不能为自己的不幸选择一种快乐的解脱方式，他们往往承受不住意外的打击，陷在痛苦中难以自拔，继而认为自己是全世界最不幸、是最可怜的那个。这种自怜心理严重影响了他们的生活,令他们无法面对现实,不敢也不愿继续迈步前进,而是站在原地顾影自怜。他们为自己哭泣,即使是一件在常人看来不怎么严重的事情,在他们眼里也如天塌下来一般。他们在痛苦中一次又一次地渲染着自己的悲苦,一次又一次地为自己伤心流泪。

戴尔·卡耐基说过一段耐人寻味的话:"发现你自己,你就是你。记住,地球上没有和你一样的人……在这个世界上,你是一种独特的存在。你只能以自己的方式歌唱,只能以自己的方式绘画。你是你的经验、你的环境、你的遗传造就的你。不论好坏与否,你只能耕耘自己的小园地;不论好坏与否,你只能在生命的乐章中奏出自己的音符。"

其实,一个人无论遇到多大的灾难,都应该善待自己,好好地呵护自己的心灵。因为自怜非但于事无补,久而久之,还会惹人生厌,于己也无任何益处。既然过去的事情已无法更改,与其自怨自艾,让自己一直沉浸在悲苦中,不如解开心结,活在当下。

心里再苦,脸上都要露出微笑

心里痛苦的人,不会有笑容;但是想哭的时候,努力让自己的嘴角翘起来,你会被自己的笑容打动,破涕为笑。你会发现原来没有什么不可能，哪怕你正经受着巨大的伤痛，只要努力笑一下，心情真的可以向积极的一面转变。

笑与哭，从来都是心情的玩伴，它们本身没有对错。你要有敢笑敢哭的勇气，让生活多一丝亮色，别被阴郁的乌云遮蔽了阳光。想哭的时候笑一下，这是生活的艺术，也是对自己的关爱。

戴尔·卡耐基说："如果你的行为散发着快乐，就不可能在心理上保持忧郁。"任何时候你都一定要微笑着说话，这样你传递出来的声音才是快乐的、温暖的。在顺境中能够前进，在逆境中也要打起精神，继续前行。做到这一点很不容易，但要想成功，非经受这方面的锻炼不可。

天总有刮风下雨的时候，没有谁在一生中永远一帆风顺。一个优秀的人，穷其一生都在奋斗与追求。苦与乐、喜与悲，尽在克服困难的艰苦奋斗过程中。巨大的成功靠的不是力量而是韧性，竞争常常是持久力的比拼。有恒心者往往是笑到最后、笑得最好的胜利者。哈兰·山德士上校创建"肯德基"的传奇故事，也有力地说明了这一点。

哈兰·山德士上校56岁时，因为战争的影响，从受人尊敬的富翁变成了一个身无分文的穷人。当他拿到可怜的救济金时，内心十分沮丧。不过他没有自怜，没有抱怨，而是想方设法解决困难，而且在别人面前，他的脸上总是带着微笑。

山德士上校有一份独特的炸鸡秘方，他大胆设想：如果顾客都

第九章
自怜——为什么受伤的总是我

喜欢吃根据我的秘方炸制的鸡块，使得餐馆生意火爆的话，也许我可以和餐馆达成协议，从利润中抽成。

有了想法，他便登门推销他的炸鸡秘方。一开始，他的提议遭到了很多人的当面嘲笑，但这些话丝毫没有打消他的积极性。因为他坚信，自己一定能找到一家餐馆买炸鸡秘方。因此，他不断总结经验，优化推销言辞，让自己的建议更有说服力。他心想，也许下一家餐馆会接纳我的建议。

就这样，在整整两年时间里，山德士几乎走遍了美国的每一个角落。当他的建议最终被接纳时，他已经被拒绝了1009次！

花了两年时间，被拒绝1009次，遇到这样的失败还有多少人能再继续坚持下去呢？恐怕真的是少之又少吧，但山德士办到了，因此，他就成了"肯德基之父"。

"人生不如意十之八九。"面对生活中的不如意，我们不能一味地悲伤，一味地逃避，而是要逆风而上，与狂风斗争，与巨浪斗争。我们要有信心把它们击退，迎来阳光灿烂的那一天。

不要被逆境吓倒，不要轻言放弃，扭转逆境的希望往往就存在于再坚持一下的努力之中。你要从现在开始，微笑面对生活，不要抱怨生活给了你太多的磨难，不要抱怨生活中有太多的曲折，更不要抱怨生活中存在的不公。当你走过世间的繁华和喧嚣，阅尽世事，你就会明白，人生不会太圆满，再苦也要笑一笑。

告别自怜自艾，拿回主动权

对于许多人而言，自怜自艾是一个很容易掉入的陷阱。好像如此就能延迟面对恐惧的时间，闪避个人的行为责任。自怜在很多时候是一种拖延战术，夸大自己的状况有多惨，让人有充分的理由不采取行动加以改善或继续前进。

戴尔·卡耐基认为，很多人常以自怜自艾的方式博取关注，对害怕遭到拒绝的人来说，装惨是寻求协助的间接方法，这种伎俩可能获得他人和善的安慰（至少一开始时是有效的）。可惜的是，同病相怜的人喜欢聚在一起取暖，有时自怜自艾甚至变成了比惨大会，仿佛谁把自己的创痛讲得最惨，谁就赢了。自怜自艾也可能变成逃避责任的理由。你告诉老板你的日子有多苦，可能是希望老板别对你要求太多。有时自怜自艾会变成一种反抗的行为，仿佛我们只要态度坚定，死不退让，就能得到更好的待遇。但这并非世界的运行法则，自怜自艾并不能让你受到公平的对待。

你可以用许多不同的方法看待生活中遇到的事件。如果你选择以"我受到亏欠"的心态来看事情，你常常会感到自怜。如果你选择在逆境中寻找曙光，你会更知足常乐。不过转念不见得容易，尤其是当你觉得你就是怨叹派对的主角时更不容易。思考以下问题，可以帮你把负面思维转变成比较务实的想法：

1. 换成别的观点，怎样看待我的情况？这就是"杯子半空"或"杯

第九章
自怜——为什么受伤的总是我

子半满"的思考差异。如果你本来抱着"半空"的态度，不妨暂时停下来怎么以想想"半满"的观点态度看待同样的情况。

2. 要是挚爱的人遇上同样的问题，我会给予其什么建议？相比于鼓励自己，人们往往更擅长鼓励他人。你不太可能对他人说："你的人生真的很惨，没有半件事情是称心如意的。"通常情况下，你会讲一些能够为对方加油打气的话，如"你会想通该怎么做，也会渡过这个难关，我相信你行的。"把这类睿智的建言套用在你自己的情况上，鼓励一下自己，也可以帮助你摆脱自怜自艾。

3. 有什么证据可以证明我会渡过难关？自怜自艾往往是因为你对自己解决问题的能力缺乏信心，容易觉得自己永远也过不了难关。你可以提醒自己，过去曾有解决问题及应对悲剧的经历。回顾技巧、互助系统、过往经验可以帮你提升信心，使你不再为自己难过。如果你觉得"坏事总有我的份"，就把发生在你身上的好事列出来。接着，以比较实际的想法取代原始想法，如虽然有一些坏事发生在我身上，但也有很多好事降临在我身上。当然，这并不表示你应该把负面想法转换成不切实际的正面肯定，而是要想办法以务实的方式看待你的情况。

自怜自艾让人总是感到自己受到亏欠，感恩则让人觉得自己得到的比应得的还多。肯定他人的善意与大方，肯定世界上的美好事物，你就会开始对自己拥有的一切感恩不已。注意生活中容易让你觉得理所当然的小事件，想办法提升心中的感恩之情。以下是一些简单的习惯，可以帮你专注于该感恩的事物：

1.写感恩日志。每天至少写下一项值得你感恩的事,你可以为简单的乐趣感恩,如有清新的空气可以呼吸,看见阳光普照,工作让你有成就感,家人让你感到幸福。

2.说出感恩的事。如果你不能持之以恒地写日志,那就养成把感恩说出来的习惯。每天早上醒来之后及晚上就寝以前,找出生活中值得感恩的事,把它们说出来,即使只是对自己说,因为听到这些话会让人更加感恩。

3.感到自怜时就转念。发现自己开始自怜自艾时,就设法转移自己的注意力,别让自怜自艾的心态持续得太久。坐下来,想想生活中值得感谢的人、事、物。如果你有写日志的习惯,就把日志拿出来读一读。

4.询问别人感恩的事情是什么。主动找人聊聊感恩的话题,可以发现别人感恩什么,从而提醒自己人生还有很多事情值得感恩。

告别自怜自艾并非轻而易举的事,但只要我们正确认识这种心理,积极地采取措施,掌握主动权,就可以有效地减弱自怜自艾的心理。

第十章

愤怒——别用别人的错误惩罚自己

愤怒往往会让人失去理智，偏激地采取一些极端的方式进行发泄。若不及时有效地排解，早晚会做出令自己悔恨终生的事来。

如果你是一个卧底，混入富豪家中后，你觉得扮演哪一个角色比较不容易被识破？

A．管家

B．佣人

C．厨师

D．司机

E．贴身保镖

解析：

A．你对另一半有所要求时，会以气一下对方来达成目的。

B．你想跟对方撒娇时，会故意生气以增加生活情趣。

C．另一半太忙没空陪你时，你会用生气的方式抗议。

D．你在吵架时蛮横不讲理，一定要吵赢。

E．只要另一半稍不顺你意，你就会无理取闹，乱生一通气。

第十章
愤怒——别用别人的错误惩罚自己

揭示情绪失控的深层原因

愤怒往往会让人失去理智，偏激地采取一些极端的方式进行发泄。若不及时有效地排解，早晚会做出令自己悔恨终生的事来。

易怒的人遇事往往冲动，耐受愤怒情绪的能力很差，倾向于以"付诸行动"的方式来暂时缓解内心的压力，可是这样的"付诸行动"常常会使自己陷入更加困难的处境。

人发怒的原因有很多，有一些是由于生理原因导致的，如处于发育期的青少年，经常会表现出坐卧不安、暴躁易怒等现象。美国脑神经科学家们发现，这是正常的生理现象，问题的关键在于青少年的中枢神经系统处于高速生长的阶段。科学家们指出，11岁左右的青少年正处于大脑前额叶皮层（在前额骨后）发育的阶段，大量的神经连接正处于"改造"之中，而大脑前额叶皮层又会影响人的感情、道德等，并负责产生行动的神经冲动。大脑的其他部分在这一年龄之前就基本发育完毕，前额叶皮层是大脑最后发育的部分，发育过程伴随整个青春期。这就导致了发育期的青少年有感情判断失常、举止暴躁等表现，如果他们顺利度过这一阶段，那么就会一切恢复正常了。

从心理学角度来探讨，发怒的原因主要包括以下几种：

1. 童年时严重的心理创伤。有研究表明，童年时常受父母惩罚和责备的孩子，长大后往往表现得温顺而顾全大局。看似脾气很好，实则内心积蓄了诸多怒火，一旦爆发则令人震惊。

2. 沟通不良。与人交流不当会造成误会，人若因此心中充满怒火，就会忽略很多客观事实，甚至连他人的话都听不进去。愤怒还会掩盖一些感觉。若是进行有效的交流之后，你就会发现很多事情根本不至于让你发那么大的火，你只是在自己给自己找气受。

3. 自我保护。当感觉到有威胁迫近时，或是他人的无端指责，或是他人的无理挑衅，或是他人的无意侵犯，都会让人感到气愤，立刻产生一种保护性的情绪。在气头上的人容易变得更强壮、野蛮，更有破坏力。失控的愤怒可以使一个胆小鬼鼓起勇气与老虎搏斗。

4. 仇恨与偏见。仇恨和偏见是愤怒的导火索，极易造成人与人之间的唇枪舌剑。偏见是由于长期的自我封闭造成的。这种人希望用攻击他人的方法抚平自己混乱的思绪。

5. 受到不公平的待遇。例如，你工作勤勤恳恳，效率也很高，公司却将升迁的机会给了一个油嘴滑舌、对工作敷衍了事的人。

6. 遭遇挫折或不如意。一帆风顺的人自然如沐春风，心情愉悦；屡屡碰壁的人当然心烦意乱，容易生气。

7. 受他人的传染。如果你周围有一个气急败坏的人，你的心情又能好到哪里去呢？他的这种坏心情也将传染给你。例如，你到银行存钱，不巧机器出了故障，人们都排着长队等候着，突然一个人不耐烦了，开始生气抱怨，这种怒气很快就会传染给你。

愤怒的产生虽然有多种原因，有些还可能是早期的心理隐患，但无论怎样，我们都要学会引导自己的情绪，平时多疏解，千万不

第十章
愤怒——别用别人的错误惩罚自己

要等到积蓄已久的火气在心中沸腾，因为那时你已被愤怒冲昏了头脑，失去了理智。

发怒前问问自己值得吗

戴尔·卡耐基先生去参加一个重要的学术演讲，走之前，秘书莫莉将演讲稿放进了他的公文包里。演讲开始了，卡耐基先生笑容可掬地从皮包里取出演讲稿，并照着上面的文字读了起来。立即，台下爆笑如雷，人们议论纷纷。

卡耐基先生很快就反应过来，一定是秘书莫莉将他的演讲稿装错了。之前，卡耐基先生曾在世界各国参加过无数次重要的演讲，但他从未出过像今天这样的洋相。当时他心里十分生气，打算演讲结束后就将秘书莫莉辞退。卡耐基先生强忍着胸中的怒火，使自己迅速平静下来，他幽默地说："女士们、先生们，刚才只是跟大家开了一个小小的玩笑，下面我们正式进入今天的话题。"尽管没有稿子，但卡耐基先生还是演讲得非常成功。

演讲结束后，卡耐基先生回到办公室，秘书莫莉微笑着迎上来说："卡耐基先生，您今天的演讲一定很成功吧？"

"是的，非常成功，台下掌声不断。"卡耐基先生点点头说。

"那真是祝贺您了！"莫莉高兴地说。

"莫莉，你知道吗？我今天去给人家讲的是'如何摆脱忧郁，创造和谐'，我从包里取出讲稿，刚一开口，下面便哄堂大笑。"

"那一定是您讲得太精彩了。"

"的确精彩，我读的是一段如何让奶牛产奶的材料。"说着，卡耐基先生将手中的讲稿递给了莫莉。

莫莉的脸"唰"地一下红了，低声说："对不起！卡耐基先生，我太粗心了，这一定让您丢脸了吧？"

"那倒没有，你让我自由发挥得更好，我还得谢谢你呢！"

卡耐基先生的宽容让莫莉无地自容，从那以后，莫莉再也没有犯过类似的错误。

戴尔·卡耐基认为，生气是一件费神费力还自讨苦吃的事，它对人的身体有害无利，还会破坏原本和谐的人际关系。因此，不到万不得已，千万别动怒。

仔细想来，很多时候，让我们发怒的其实并不是什么大事，都是一些鸡毛蒜皮的小事，如爱人出门时忘了锁门，孩子早晨上学时起床晚了，同事说了一句有伤你自尊的话。诸如此类的事情常常搅得我们火气上升。其实，为了这些琐碎小事而大发雷霆，让自己和他人都受到伤害，值得吗？也许你在盛怒之下根本无法回答这个问题，但事情过后，你是不是也该反思一下？

英国人迪斯雷利说："为小事而生气的人，生命是短促的。"法国作家鲁瓦说："我们常常被一些不令人注意，因此也是应当迅速忘掉的微不足道的小事所干扰而失去理智。"这些事虽小，若是牵

第十章
愤怒——别用别人的错误惩罚自己

动愤怒这根神经，却能引发巨大的灾难。

若是想想自己的以后，你就会将心放宽。人生在世何其短暂，何必为了纠缠无聊琐事而白白浪费了许多宝贵的时光？多年以后，你还会对今天令你烦心的事念念不忘吗？恐怕你早已不记得了。

此外，愤怒还能破坏你与他人的感情。你的爱人与你患难与共，相濡以沫，如果你总是对他挑剔，放大他的缺点，总希望他像你理想中的那样完美，不仅不能如愿以偿，还会让双方的矛盾加剧。况且，你因生气伤了自己的身体，他要是气不过，没准也会生病。此外，让家里弥漫着愤怒的气氛，对任何人的情绪都会产生不良的影响。既然他是你的爱人，你就要包容他，有什么事不能静下心来好好说，非要大喊大叫，让双方脸红脖子粗呢？

孩子不懂事、不上进也会让你生气，但你责骂他，甚至体罚他就能解决问题吗？教育孩子要讲究方法，光靠发火是不能让他意识到应该怎么做的。

工作不顺心、领导刁难、同事倾轧，更不应生气，否则情绪失控了，工作就会出差错，这更会给别有用心的人以可乘之机。如果你因此而卧病在床，岂不让对方看笑话？

总之，气不是不能生，但要有选择地生，除了惹自己不愉快、伤害亲近的人之外再无其他意义的气一律不生。每当要发怒的时候先想想面对的人或事，归归类，看看是哪一种情形，问问自己可以不生气吗，为此生气值得吗？想明白了再决定是否生气，生多大的气，相信等你把这些想清楚了，气也烟消云散了。

与其生气不如争气

每个人都希望得到他人的重视、尊重、欢迎，但有时又难免被人嘲弄、受人侮辱、被人排挤，生活给了我们快乐的同时，也给了我们伤痛的体验。但这就是生活，是我们必须面对的真实人生。在这种情况下，有的人能够坦然面对，将痛苦化为向上的动力，有的人则火上心头，或者沮丧不前，怨天尤人。其实，很多时候你大可不必斤斤计较，与其生气，不如争气，去做得更好，使自己变得更强大，在这一过程中许多问题都会迎刃而解。

某人由于年轻气盛，无意中得罪了经理。于是，在以后的日子里，经理总是找碴儿跟他过不去。他真想一走了之，但转念一想，这是一家很有名气的广告公司，自己必须在这里工作满一年再跳槽，在这一年中完全可以源源不断地给自己"充电"。

于是，他坚持留下来了，整理好乱七八糟的心情，通过兢兢业业地工作来为自己疗伤。一笔又一笔的业务增强了他的信心，也让他积攒下了许多宝贵的经验。渐渐地，他发现经理不再与自己针锋相对，甚至有时会像长辈一样和蔼可亲。

就在他工作满一年时，经理破格提拔他为部门主管，而他自己早把跳槽的念头抛到了九霄云外。

第十章
愤怒——别用别人的错误惩罚自己

初涉世事的年轻人，遇事往往很偏激，他们常率性而为，不知委曲求全，结果自然难以立足。若是如上例中的年轻人那样能分清主次，学会内敛，不争闲气，专心做事，就可让愤怒在时光的流逝中慢慢转化成自己奋发向上的动力。

愚蠢的人只会生气，聪明的人懂得去争气，生气不如争气。人生有顺境也有逆境，但不可能处处是逆境；人生有巅峰也有谷底，但不可能处处是谷底。因为身处顺境或巅峰而趾高气昂的人，以及因为身处逆境或低谷而垂头丧气的人，都是浅薄的。真正的人生需要磨炼，面对挫折，如果只是一味地抱怨、生气，那么你注定永远是个弱者。

在很多时候，我们往往因为愤怒而放弃许多机遇。风雨来临时，小鸟会敛翼于树丛中，因为它知道自身的极限。而我们也要学会在自己处于弱势的时候，坦然面对一切，并积极地使自己做得更好，用成功化解烦恼和忧愁，用实际行动作最好的说明。

世事无常，人情冷暖，常让我们无所适从。他人的指桑骂槐、故意刁难，又会让我们心生闷气。这时若是一意孤行，不仅会前功尽弃，功败垂成，还有可能输掉自己。这样的结果必然会被那些居心叵测的人当作笑柄。其实，处世的智慧就在于你能不能适时地咽下一口气，避开无谓的纷争，避免意外的伤害，不去做无意义的坚持。这样就能更好地保全自己，发展自己，成就自己。

戴尔·卡耐基认为，每个人都有自己的个性和脾气，生气是正常现象，可是要看为什么事而生气，如果是为不必要的事就不值得了。因此，生气之前不妨先想一想是否值得。与其生气，不如争气。

适当给自己"放气"

有个易怒的男人向一位大师寻求解决之道。大师把他锁在一个漆黑的柴房里就离开了。男人顿时咒骂起来,但大师不理不睬。男人继而开始哀求,大师仍置若罔闻。最后,男人安静下来。大师来到门外,问他:"你还生气吗?"

男人说:"我只恨自己怎么会到这种地方来受罪。"

"连自己都不原谅的人怎么能心如止水?"大师拂袖而去。

一会儿,大师又来问男人:"还生气吗?"

"气也没办法呀!"男人说。

"你的气还压在心里。"大师又离开了。

当大师第三次来到门前时,男人告诉他:"我不生气了,因为不值得气。"

"还知道值不值得,可见心中还有气根。"大师笑道。

当大师又来时,男人问道:"什么是气?"

大师打开房门,将手中的茶水洒在地上。男人终于恍然大悟。

在面对由威胁或挑衅引起的愤怒时,人们常采用消极的应对方式,或以体力活动发泄愤怒情绪,不仅不能彻底解决问题,还会引发焦虑,甚至导致抑郁和绝望。

有调查表明,女性愤怒时多靠向朋友倾诉抒发;男性较女性则

第十章
愤怒——别用别人的错误惩罚自己

更易沉溺于愤怒情绪，如时常记挂愤怒的事及产生报复的念头等，甚至用拳头来解决。而不论男女，愤怒总是于己无益的，因此，我们就要学会给自己放气。戴尔·卡耐基为我们提供了如下抛却愤怒的方法：

1. 把愤怒写在纸上，不要埋在心里。

林肯的一位朋友被人无理地辱骂了一顿，心中非常愤慨，便来找林肯告状。林肯对他说："你马上写信去痛骂那个可恶的家伙，然后把信交给我。"那位朋友立即写了一封信，把辱骂他的人痛快淋漓地责难了一通。林肯接过信看也没看立即将它撕掉了，他笑着说："我写过许多这样的信，可是从来没有寄出过一封。我们可以把愤怒写在信上，但不要放在心里，更不要去伤害别人。"

把愤怒写在纸上是最好的发泄方法之一。一个人感到愤怒时，就应尽情地发泄出来。如果埋在心里，就是在自己惩罚自己。

2. 用轻度"恼怒"来替代"愤怒"和"暴怒"。愤怒的程度越高，给人造成的伤害越大，如不能及时排解，就会导致各种心理和生理疾病。因此，在面临令人气愤的事情时，尽量用烦恼和相对轻度的恼怒来代替愤怒和暴怒。

3. 让"愤怒"在运动中消失。临床心理学家发现，运动是有效解决愤怒的方法。可以多参加户外活动，主动做一些消耗体力的运动，如到操场上跑几圈，这样可将因盛怒激发出来的能量释放出去，心情就会平静下来。

4. 转移注意力。当发觉自己怒火攻心时，为了避免一触即发，可以有意识地转移话题或做点别的事情来分散自己的注意力，把思想感情转移到其他地方，使紧张的情绪松弛下来。

5. 找一个物品彻底发泄心中的怒火。有一个日本老板想出奇招，专门在一间办公室里摆上几个根据公司老板形象制作的橡皮人，有怒气的职工可随时进去对"橡皮老板"大打一通，打过以后，职工的怒气也就消减了大半。

6. 动作转移法。怒气上来时,要克制自己不要对别人发作出去，同时通过使劲咬牙、握拳、击掌心等动作将情绪宣泄出来。

心中有气不能憋着，也不能无所顾忌地发泄出来，而要有所选择地给自己"放气"。这样，既能有效克制自己的怒火，又调试了自己的心态，不让不良情绪给自己招致更大的麻烦。

愤怒不是毒药，却可以攻心；愤怒不是武器，却能伤人。每一次愤怒，都不要认为不痛不痒；每一次愤怒，都不要看作无关紧要。愤怒是你的权利，它的爆发与疏导完全掌握在你的手里，你可以让它燃烧七月的骄阳，也可以让它温暖腊月的冰霜。愤怒更多地需要我们去驾驭，去抚慰，而不是随意宣泄。

抑制怒气，克服焦躁

盘珪禅师说法时不仅浅显易懂，也常在结束之前，让信徒发问，

第十章
愤怒——别用别人的错误惩罚自己

并当场解说,因此不远千里慕名而来的信徒有很多。有一天,一位信徒请教盘珪禅师:"我天生暴躁,不知要如何改正?"

盘珪道:"是怎么一个'天生'法?你把它拿出来给我看,我帮你改掉。"

信徒说:"不!现在没有,一碰到事情,那'天生'的性情暴躁,才会跑出来。"

盘珪说:"如果现在没有,只是在某种偶发的情况下才会出现,那么就是你和别人争执时,自己造就出来的,现在你却把它说成是天生的,将过错推给父母,实在是太不公平了。"信徒经此开示,会意过来,再也不轻易地发脾气了。

愤怒是一种普遍的情绪。有的人容易动怒,一触即发;有的人永远一副受气包的模样,实际上是把愤怒压在心底;有的人在这里受了委屈,却到别处发泄;有的人明明是自己错了,却先冲别人发火,转嫁责任……对于愤怒,不同的人有不同的处理办法,但大多数办法都称不上是处理愤怒的最有效方式。

戴尔·卡耐基认为,要想让愤怒得到适当的化解,就要学会制怒,克服焦躁心理。那么,具体应怎样做呢?以下几点可以作为借鉴:

1. 意识控制。当你的怒火一触即发时,要用意识控制自己,提醒自己应当保持理性。美国人杰斐逊说:"在你生气的时候,如果你要讲话,先从一数到十;假如你非常愤怒,那就先从一数到一百然后再讲话。"此外,还可进行自我暗示。在快要发脾气时,可以默念"镇静，镇静，三思，三思"之类的话。这些方法都有助于控制情绪，增强大脑的理智思维。

2．推己及人，体谅他人的感受。一个时时想着别人，处处体谅别人的人，即使自己心中不快，也不会迁怒于人，更不会把自己的不愉快强加给别人。

3．宽容大度。即使我们尽量提醒自己少生气，但还是难免会有擦枪走火的时候，这时我们要学着宽容大度一些，久而久之，爱发脾气的毛病也就随着那些不愉快的情绪自行消失了。

4．聆听音乐。多听听节奏缓慢、旋律轻柔、音调优雅、优美轻松的音乐，对安定情绪、改善暴躁的脾气也是有帮助的。

5．环境调节法。素雅整洁、光线明亮、颜色柔和的环境，会使人心情恬静、舒畅。相反，阴暗、狭窄、肮脏的环境，容易给人带来不快的情绪。因此，改变环境也能起到调节情绪的作用。愤怒时，到外面走走，看看大自然的美景，能够开阔心胸，对调节人的情绪有很好的效果。

6．升华法。可以把怒气化为从事科学、文化、艺术、体育等活动的力量。

7．沉默法。俄国女皇叶卡捷琳娜·韦利卡娅就不止一次地采用这种方法。当她对某位大臣感到愤怒时，就会急忙喝一大口水，在房间里走来走去，直到愤怒被宽容代替。

以上这几种制怒的方法虽不能适用于每个人，但结合起来运用一定能给你带来帮助。

第十一章

嫉妒——不要对别人的成功视若无睹

　　嫉妒是毒害纯洁友情的毒药,是吞噬善良心灵的猛兽,是丑化白皙面容的黑斑。它是由于别人胜过自己而引起的抵触、消极的情绪体验。

你想知道自己是否有嫉妒心理吗？赶快做一下下面的测试吧！回答"是"得1分，回答"否"得0分。

1．看到同学家庭条件优越，你是否仇视过他？

2．同事穿了一件漂亮的衣服，虽然很好看，但你还是言不由衷地说很难看？

3．你嫉妒过别人的爱人比自己的爱人长得好看吗？

4．你是否嫉妒过别人的工作？

5．假如别人赞美你的爱人时，你会感到不安吗？

6．你是否怀疑自己的爱人还时不时地想起他的初恋情人？

7．你是否坚持要了解自己爱人的全部经历和做过的事？

8．假如发现你的爱人在看他（她）先前的朋友或者情人的照片时，你会感到愤怒吗？

9．你是否常羡慕他人的生活？

10．你周围的人买彩票中了几千块钱，你会感到生气吗？

11．你对朋友的东西有占有欲吗？

12．假如朋友外出游玩而没有邀你一起去，你会感到伤心吗？

13．你是否经常说他人的坏话？

14．你是否感到别人生活得更舒适？

解析：

如果你的总分在10分以上，表明你的嫉妒心理很强，已严重影响了你的人际关系。因此，你应该采取一些措施，努力控制它的发展。

第十一章
嫉妒——不要对别人的成功视若无睹

如果你的总分为 4～9 分，表明你有较强的嫉妒心，它影响了你对他人的感情。但如果你能够控制自己的情绪，力争理智地看问题，就会逐渐将其消除。

如果你的总分在 3 分以下，表明在你的生活中，嫉妒心所产生的作用很微小，这是一种合理的、自然的人类情感。

嫉妒是最具破坏性的负面心理

在心理学上，嫉妒是指个人对他人所拥有的优势以心怀不满为具体特征的一种不悦、自惭、恼怒与怨恨。可以说，嫉妒是最具破坏性的负面心理之一。嫉妒是毒害纯洁友情的毒药，是吞噬善良心灵的猛兽，是丑化白皙面容的黑斑。它是由于别人胜过自己而引起的抵触、消极的情绪体验。

黑格尔曾说，嫉妒是"平庸的情调对于卓越才能的反感"。在我们的周围，拥有嫉妒之心的人数不胜数，尤其是青少年，由于他们正处在生长发育过程中，这种嫉妒之心也就更多一些。一旦看到别人比自己幸运，就"别有一番滋味在心头"，这种"滋味"就是嫉妒。嫉妒的人不能容忍别人超过自己，唯恐别人得到自己无法得到的名誉、地位等，他们办不成的事别人也休想办成，他们得不到的东西别人也别想拥有。

在现实生活中，有些人为了给自己的嫉妒心一些慰藉，不惜花样百出地对他人进行伤害，他们有的挖空心思用流言蜚语对别人恶意中伤，有的付诸手段卑劣的行动。

有这样一则寓言：上帝向某个年轻人许诺，称可以满足他提出的任何一个愿望，但前提是他的邻居会得到双份。精明的年轻人认为如果自己得到一份田产，邻居将得到两份；如果自己要了一箱金子，邻居就会得到两箱；如果自己要一个美女，邻居会得到两个，而他认为邻居那样的人根本不配得到这些。他想了半天也没有拿定主意，因为无论如何邻居总是会比自己得到的更多。最后，他干脆一咬牙，说："唉，请您取走我一只眼珠吧。"

嫉妒犹如磁场，往往产生于同性、同行之间。世人皆认为，那些爱嫉妒的人通常非常小气、心胸极度狭窄且品德低下，但事实上，不管品性如何、身居何职，每一个人都有可能对他人产生嫉妒之情：同龄人对同龄人产生嫉妒，往往是因为有人捷足先登；年长者对年轻者产生嫉妒，多数是由于后来者居上。嫉妒者最拥护的信条是："我没有的，你也别想有；我做不到的，你也休想做到！"

嫉妒并非人类所特有的心理，曾有心理学家做过实验：递给一只猴子一根黄瓜，它会非常高兴；但如果此时你将一根香蕉递给它身边的同伴的话，这只得到了黄瓜的猴子便会非常气愤，并会与同伴展开争夺香蕉之战。相对于动物世界中单纯的嫉妒心理而言，身为众灵之长的人类显然更擅长将嫉妒之情转化为名利之争。

第十一章
嫉妒——不要对别人的成功视若无睹

正如莎士比亚所说："嫉妒是万恶之源。"嫉妒的人，自己不能达到对方的高度，获得对方的荣誉，只好用卑劣的手段维护自己可怜的自尊。一旦产生嫉妒的情绪，就再也不可能拥有快乐的心情，别人越成功，他们就越痛苦。最终，他们会忍无可忍，向他人发起进攻。其实，他们伤害别人的同时，也折磨了自己。

戴尔·卡耐基说："一个人总有一天会明白，嫉妒是无用的，而模仿他人无异于自杀。"要消除嫉妒心理，最重要的是提高人的素质，培养谦虚好学、尊重他人的品德，营造"见贤思齐"的良好氛围，大力弘扬正气，将嫉妒之心消灭在萌芽状态。如能像古人所说"消除嫉妒心，普天降甘露"，人间就会少许多悲剧！

嫉妒摧毁人性和健康

大仲马在小说《黑郁金香》中讲述了一个关于嫉妒的故事：

卑劣的博克斯戴尔由于嫉恨荷兰青年拜尔勒成功地培育出黑郁金香，制造了一系列毁灭拜尔勒及其所创造的事业的行为。但正义最终战胜了邪恶，博克斯戴尔的阴谋未能得逞，拜尔勒事业有成，而嫉妒者博克斯戴尔却在恐惧、愤怒、绝望中走向坟墓。嫉妒往往被认为是卑劣的情感，因为害怕受到谴责，嫉妒者只能把自己的嫉妒之情潜藏于内心，结果使自己处于焦灼不安、备受折磨的压抑状态,身心因此将受到极大伤害。

戴尔·卡耐基将嫉妒比作蚊子和蚂蚁,时不时在体内咬啃一下,让人感觉又麻又痒。一样好东西,偏偏他有你没有,于是心不甘情不愿。但人家也是经过千辛万苦才换来的,你既然什么都不想付出,吃不了那么多苦,还有什么可抱怨的呢?因此,嫉妒这件事虽然钻心,但也很容易排遣。

在现实生活中,有嫉妒心的人比比皆是。同事之间因争取得到提升钩心斗角,互相拆台;商人之间为了利益给对方设陷阱、背后搞小动作;同性之间为了异性争风吃醋、大打出手,等等。这些是双方都存有嫉妒心的,还有单方存在嫉妒心理的。我们发现嫉妒的人有许多都非常优秀,他们在某一领域或某一方面出类拔萃,但他们又会怀着仇视的心理和愤恨的眼光去看待他人的成功,殊不知,自己也会在这种不良的情绪中受到极大的心理伤害。

莎士比亚说:"您要留心嫉妒啊,那是一个绿眼的妖魔!"嫉妒的人享受不到阳光的美好,体会不到人生的乐趣,他们整天因为他人的优越和成功而气急败坏,愁眉不展。时间一长,"心灵的疾病"会扩散到身体各处,引起躯体上的不良反应,各种疾病不请自来。可见,嫉妒是摧毁人性和健康的毒药。

从医学上分析,嫉妒者内心充满痛苦、焦虑、不安与怨恨,这些情绪久久郁积于内心,就会导致内分泌系统失调,神经系统功能紊乱,甚至破坏消化系统、血液循环系统的正常运行,会使大脑皮层、

第十一章
嫉妒——不要对别人的成功视若无睹

下丘脑、垂体及肾上腺皮质激素分泌增加，使血清素类化学物质降低，引起多种疾病，如神经官能症、高血压、心脏病、肾病、肠胃病等。所以"嫉"实为"疾"也。嫉妒常会使人产生一种"无名火"，让人心情烦躁，无端生气，心情抑郁，动作紊乱，睡眠不好。

嫉妒者对比自己优秀的人总是怀着不满和怨恨之情，对比自己差的人又总是怀着唯恐他们超过自己的恐惧之心。正如俄国寓言家、作家克雷洛夫所说："好嫉妒的人，无论看见什么都要叫嚣。"因此，他们终日惶恐不安，心理压力大，活得很累。嫉妒和猜忌有着不解之缘，有猜忌必有疑心，有疑心必然胡乱猜测并树敌，自寻烦恼和痛苦。在某种程度上，可以说是嫉妒者到处寻找刺激，到处寻找怨恨，因而他们的痛苦最多，思想包袱最重。严重的嫉妒者终日生活在自我袭扰中，在自找痛苦和烦恼中度日，煎熬生命，而又无法自拔，这样很容易引起精神分裂。

关于嫉妒的危害，有话这样说："妒火中烧，可令人神不守舍，精力耗损，神气涣失，肾气闭塞，郁滞凝结，外邪入侵，精血不足，肾衰阳失，疾病滋生。"

此外，嫉妒还会使人疑神疑鬼，性格变得孤僻怪异，难以与人相处，衰老加快。赫·舍克教授在《嫉妒论》中说得好："简言之，极端嫉妒者不会长寿。在种族发展进程中，那些特别强烈地嫉妒别人的人，很少有比别人活得长久并成为行为楷模的范例。"因此，人们常说产生了嫉妒这种不良心态，就等于慢性自杀。

据统计，嫉妒心强的人，容易患心脏病、头痛、高血压、神经衰弱等病症，大部分容易嫉妒的人都会出现如胃痛、背痛、情绪低落、行为失控等症状。

总之，嫉妒既贻害心灵，又有损身体健康。因此，我们必须要尽快告别嫉妒心理，学会享受属于自己的幸福。

不掩己之长，不掠人之美

有人问亚里士多德："为什么心怀嫉妒的人总是心情不好呢？"亚里士多德回答说："因为折磨他的不仅是他自身所受的挫折，还有别人的成就。"当看到别人取得成绩，获得财富与肯定时，有些人的心理不是"你好，我要比你更好"，而是"我不好，也不能让你好"。为此，他们心里产生了一种掺杂着憎恶与羡慕、愤怒与怨恨、猜疑与失望、自卑与虚荣，以及伤心与悲痛等情绪的复杂情感，想拖住别人，不让别人前进，或极欲推翻别人的优越地位，破坏别人的优越环境，这种情感就是嫉妒。

丽莲和劳伦是某艺术院校的高才生，两人不仅同住一个宿舍，而且志趣、爱好相投，因此，很快就成了形影不离的好朋友。渐渐地，同学们将性格迥异的两人戏称为"动静才女组合"。

生性开朗的丽莲不仅相貌出众，而且才华横溢，颇受老师和同学的喜欢；而性格孤僻的劳伦，总是以冷美人的姿态待人。朋友不

第十一章
嫉妒——不要对别人的成功视若无睹

多的劳伦觉得自己像只丑小鸭，处处都比丽莲差，甚至认为是丽莲抢了自己的风头，因此，她开始渐渐地疏远丽莲，对其冷言冷语。

不久，学院举办了新生设计大赛，劳伦决定抓住此次机会，以证实自己比丽莲强。但事与愿违，丽莲赢取了一等奖，而她却名落孙山。于是，妒火中烧的劳伦趁宿舍无人时，将丽莲的设计图纸撕了个粉碎。

爱嫉妒的人，对他人的缺点往往揪住不放或肆意夸大，优点则轻描淡写或视而不见。在他们看来，他人的优点很刺眼，因此，要想方设法将其比下去。若是双方实力相差很大，他们又将用卑劣的手段，或无中生有，或搬弄是非，或直接对其进行攻击，使其优点变成污点。这样，他们才能安安稳稳地睡上一觉，因为令他们心烦的强大对手已经被整得差不多了，对自己构不成威胁了。

好嫉妒的人没有朋友，因为他容不下别人的长处，但每个人都有自己的长处，所以他就把所有人都视作自己的敌人，以冷漠的目光注视别人。

好嫉妒的人心胸狭窄，有小聪明，无大智慧。他们往往在小事上与人斤斤计较，没有大的谋略，因而也成不了大事。正如黑格尔所说："有嫉妒心的人自己不能完成伟大事业，便尽量去低估他人的伟大，贬低他人的伟大性，使之与他本人相齐。"

不能正视别人的优点，就不会取长补短，完善自身，亦不会有大的发展。其实，正视他人的优点，是一种胸襟，也是立身做人的必备品质。因此，古人提倡，君子不以其所能者病人，不以人之所不能者愧人；不掩己之长，不掠人之美。

正视他人的优点也是一种明智之举。当今社会发展日新月异，信息化、全球化的不断发展，促使社会分工日益细化。但一个人的水平毕竟有限，想要做个全才几乎是不可能的事。因此，只有正视他人的优点，才能博采众长。

中国古代有副对联："欲无后悔须律己，各有前程莫妒人。"如果好嫉妒的人能这样想就不会嫉贤妒能，拿别人的优点折磨自己了。

面对他人的嫉妒，我们最好的选择和最理智的态度，就是"爱我者我抱以叹息，恨我者我置之一笑"，千万不要采取反唇相讥的下策，使自己变得与嫉妒者一样卑下和无聊，甚至陷入一场旷日持久又毫无意义的纠葛。与其让自己身心疲惫，名誉扫地，不如把嫉妒置于脑后或踩于脚下，将自己的智慧和才能充分显现出来，用你的洒脱和磊落来回应他人的嫉妒。相信不久之后，对方就会满脸倦容地慨叹道："我真拿他没办法。"

树立正确的竞争意识

嫉妒心理具有明显的与人对抗的特征，这种对抗性来源于比较过程中的不满和愤怒情绪，而这种比较则多产生于竞争中。

嫉妒基于竞争，不同领域构不成竞争，也就不易产生嫉妒心理。在同一领域内，人们对于那些远不及自己的人和远胜于自己的人也

第十一章
嫉妒——不要对别人的成功视若无睹

不易产生嫉妒,嫉妒最易发生在水平相当的人之间。当然,上智和下愚终究属于少数,多数人都挤在中游,所以嫉妒仍是普遍的。

在这个充满竞争的时代,每个人都想赶超他人,成为卓越者,但领先的毕竟还是少数。不服输自然是好事,但失败时切不可怨天尤人,甚至仇恨对手,做出伤害他人的举动,使原本有益的竞争变了味道,走向了歧途。

1991年,原北京大学物理系高才生卢某在美国爱荷华大学枪杀了三位教授、一位副校长和一名同学后自杀身亡。从小学、中学到大学,卢某一直名列前茅。到了美国,他仍想在学业和研究上独占鳌头。但当他看到另一个中国留学生成绩比他好,似乎更受美国老师器重时,他便失去了心理平衡,竟丧失理智地向他的同学、导师开枪射击。

这样的案例在现实生活中屡见不鲜。有的人执意认为世间的荣誉与偏爱理应由他一人享受,如果不能实现所愿,就将责任强加于别人,认为自己是无辜的牺牲品,因而情绪失控,总想找个机会好好教训一下对方。

谁都知道,有竞争就会有输赢,就会产生成功者和失败者。你的失利,只能怪自己能力不足,与他人何干?如果你想使自己永远立于不败之地,就要时刻充实自己,提高自己的竞争力。

任何一个人都不可能始终有着他人无法比拟的优势,毕竟"长江后浪推前浪,一代新人换旧人"。因此,我们应理性地看待他人的领先地位，在自己处于下风时要反求诸己，不指责他人。向对手学习，拥抱我们的对手，合作的竞争才更有力量。

有一个女孩从偏远山区考到城里读书，刚开始时她很普通，学习成绩处于中下游。但她没有自暴自弃，也没有怨天尤人，而是仔细地分析了班里同学的优点，将其列成一个单子。例如，某某做事认真，某某字写得漂亮，某某爱思考问题，某某热情奔放。她依照这个单子来要求自己，学他人之所长。

一次，学校组织了一场演讲比赛。由于她的乡音很浓，结果得了最后一名。比赛结束后，她找到第一名的同学，跟她说："你是正数第一，我是倒数第一，咱俩交个朋友吧。"从此，她们成了志趣相投的知己，她经常听对方读课文，听完之后，她就照着重复几遍，直到自己满意为止。就这样，她以人之长，补己之短，很快成了班里的佼佼者。

可以看出，这个女孩虽然年龄不大，但具有很强的竞争素质。她积极乐观、自信开朗、与人为善、善于合作。我们只有像她那样，在竞争中不断完善自我，充实自我，才是明智之举；而嫉妒，则是愚蠢的人才做的事。

光线射到平滑的镜面时，会以同样的角度反射回来，人情交往也是如此。你如何对待别人，别人往往也会怎样对待你，人与人之间总是相互作用的，欣赏他人同样会获得他人的认可。这便是心理

第十一章
嫉妒——不要对别人的成功视若无睹

学中的反射法则。反射法则告诉我们：懂得欣赏和认可别人的人，通常也会得到别人的欣赏和认可。

我们之所以常常嫉妒别人，只是不想让自己成为对方的陪衬而已。我们担心自己会成为别人成功路上的背景，可我们未能明白，当自己在嫉妒中看着别人获得成功时，才是最可悲的一幕。恰如戴尔·卡耐基所说："人生最大的可悲是嫉妒。"

心怀嫉妒其实并不能改变什么，别人不会因为你的嫉妒而平庸无能，也不会因为你的嫉妒而才华不显。嫉妒的人阻挡不了别人的成功，反而只会让自己更加痛苦，而嫉妒者在排斥别人的同时实际上已经被别人孤立。面对那些比自己更成功的人，我们需要抱着一颗平常心去欣赏、去赞美，我们应该用更宽广的心态去看待和接受别人的成功。懂得为别人的人生喝彩的人，也必定会得到别人的祝福和喝彩！

第十二章
怀旧——将自己从记忆里拔出来

怀旧是一种常见的心理现象,适度的怀旧无可厚非。但是任何情绪与行为,一旦执着,就难免走向病态。怀旧也是一样。

你是一个不留恋过去、对未来充满憧憬的人，还是一个沉缅于过去、整天追忆往昔的人呢？做完下面的测试，你就能认清自己在这方面的处世哲学了。

下列哪种说法最接近你对1月1日的想法？

A．日复一日，年复一年。

B．时间过得太快了，自从去年1月1日到现在，根本就不像过了12个月。

C．我应该为今年制订新计划了。

解析：

A．多愁善感的你常爱回忆过往，你对待生活的态度是消极的，难以接受新事物，或对新的事物不感兴趣。

B．你对未来持乐观态度，但同时也带有怀旧情绪。

C．你是那种朝前看的人，绝对不是一个怀旧主义者。无论你现在的年龄有多大，你都会一直关注着前方的路，为将来着想并做相应的准备。

第十二章
怀旧——将自己从记忆里拔出来

在感怀中重温逝去的美好

怀旧是一种常见的心理现象，也是人之常情。思想家说：怀旧是对逝去岁月的怀念和感悟。只有懂得感悟的人，思想上才能不断进步。文学家说：怀旧是文学永恒的主题，因为它是我们从一去不复返的河流中唯一能够打捞上来的东西，灵感将它紧紧捕捉住，从此那逝去的一切都能重现在精彩的描绘之中。科学家说：事物都具有两面性。适当的怀旧，可令人奋发向上，但过度怀旧就会使人失去斗志，郁郁寡欢，终日沉浸在悲伤的情绪中。心理学家说：怀旧是一种正常的心理现象。人在受伤时，喜欢用过去的美好来抚慰自己受伤的心灵。

怀旧能让我们想起很多事情，既有悲伤的情绪，也有欢乐的记忆。追忆曾经的经历会让我们感到无尽的甜蜜，也会让我们得到灵魂的洗礼。适度怀旧并非一件坏事。怀旧但不沉湎，静静地追忆往昔之后，又重新放眼望向前，让回忆成为我们前进的动力。

怀旧与社会环境也有一定的关系。当社会处于快速动荡的转型期时，旧的事物正在被替代或被打碎，而新的秩序、规则、制度尚未建立或正在完善中，人们的心理处于一种混沌、迷茫，抑或恐慌的状态，缺乏安全感、信任感时，人们会不同程度地产生一种怀旧心理。

此外，随着现代经济的发展，高楼大厦拔地而起，钢筋水泥铸成的方格子式的住宅让邻里之间的往来明显少了许多。而乡村也焕然一新，公路、铁路蜿蜒曲折，新建的工厂比比皆是。电脑、手机的普及给人们带来了极大的便利，却也减少了人与人之间的交往。这一切都使人们产生了一种失落感，感到与他人的心灵距离越来越远，甚至有些不适和恐惧。

戴尔·卡耐基认为，怀旧从主观方面看，实质上是一种对现实的逃避。它将现实中的某些自己不愿意接受的东西隐没起来，或忽略不计，而将过去的美好经历逐渐美化、放大、强化，以至于人对现状有种怨恨的情感。

怀旧是生活的一个刻度，那些难忘的过往是我们成长的里程碑，使我们确定无疑地据此建立起人性的档案。它存放在记忆的最深处，不轻易开启，而一旦展开，就让我们泛起种种情感，有失落，有悔恨，有向往，有聊以自慰……也许，我们的心灵必须要有一些旧的东西才算完满。

过度怀旧是一种心理疾病

俗话说，衣不如新，人不如旧。生活中每个人或多或少都有一些怀旧心理，对故土的思念、对亲人的思念、对美好往昔的思念等，都是怀旧心理的表现。

怀旧是一种常见的心理现象，适度的怀旧无可厚非。但是任何情绪与行为，一旦执着，就难免走向病态。怀旧也是一样。病态怀旧最明显的影响就是使人不能够活在当下。任何行为都需要有个度，

第十二章
怀旧——将自己从记忆里拔出来

如果终日沉浸在对过去的追忆当中，不利于人生路上的开拓进取，当然也就不能在现实中有所作为。

病态怀旧心理的主要表现有以下几个方面：

1．对过去的事物过度依恋，珍藏大量的老照片、旧衣服、旧书、旧报纸、旧磁带等。他们视这些过时的东西如珍宝一般，而且时常将其拿出来以作心灵的慰藉。有时，他们睹物思人，竟会茶饭不思，甚至产生幻觉。

2．依恋过去的友人、恋人。这样的人常热衷于搞同乡会、同学联谊会。

3．对社会有很深的偏见。他们在认识上极其保守，崇尚传统，看不惯新生事物，尤其反对任何形式的变革。

4．逃避现实。他们对现状不满，又无力改变，于是只好"躲进小楼成一统，管它冬夏与春秋"，在对过去的回忆中寻求六根清净。

5．把过去的成绩挂在嘴边。俗话说得好，好汉不提当年勇，可有的人偏偏过分看重过去取得的成绩。把曾经获得的奖状、勋章、奖品保存得完好无缺，这倒也无可厚非，但频繁追忆当年那点辉煌的经历，动不动就给家人朋友讲那些过去的故事，人家都能倒背如流了他还乐此不疲，这就有点让人难以忍受了。

6．普遍性与差异性。病态怀旧在各个年龄阶段都可能出现，但表现形式却不一样。儿童的怀旧，多由于人格发展滞后，虽说已到了上学的年龄，但仍依恋母亲的怀抱和摇篮，渴望处处得到父母的保护，缺乏主动性与独立性；青少年的怀旧大多是因为生活环境急剧变化，他们本可以享受更多的自由，却又对这种突如其来的自由感到恐惧与不安；中老年怀旧是回避现实，对社会存有偏见。

戴尔·卡耐基认为，过度怀旧是一种心理疾病，有这种心理疾病的人常常难以融入现实生活中，他们不愿从过去的世界里走出来，不能适应新环境，不能轻松做到"不忘老朋友"，更难以做到"结识新朋友"，因此他们的活动圈子很小，这十分不利于他们自身的发展。

过度怀旧的人可以用以下方法进行适当调节：首先，主动与人沟通。你要走出家门，多与邻里、同事甚至陌生人沟通。其次，如果一时难以改变，你可以在新旧事物中间找一个最佳结合点，如通过老朋友结识新朋友。最后，多学习。每天安排一段时间读书、看报、看电视，了解并接受新生事物。通过对适应技巧的学习可以迅速填补空白，逐步改变观念。

值得注意的是，适度的怀旧是可以实现内心的平和、宁静、诗意的，这样的心境多一些，病态的、消极的心态就会少一些。因此，我们不应对怀旧行为一概反对，适度的怀旧还是要提倡的。

别和往事过不去

生活中有太多的东西值得我们去追求，但是我们又没有足够的精力，这就常常使我们因为没有达到目的而感到后悔。不要悲伤，不要难过，鱼和熊掌不可兼得，面对两难的选择时，要学会放弃，绝不后悔。

第十二章
怀旧——将自己从记忆里拔出来

戴尔·卡耐基曾说:"你可以设法改变三分钟以前所发生的事情所产生的后果,但不可能改变三分钟之前发生过的事情。唯一能使过去有价值的办法是,以平静的态度分析当时所犯的错误,从错误中得到刻骨铭心的教训——然后再把错误忘掉。"

著名的棒球手康尼·马克在谈起他关于输球的烦恼时说:"过去我常常这样做,为输球而烦恼不已。现在我已经不干这种傻事了。既然已经成为过去,何必沉浸在痛苦的深渊里呢?流入河中的水,是不可能取回来的。"

不错,流入河中的水是不能取回来的,打翻的牛奶也不能重新收集起来。你可以在事情发生后采取积极的应对措施,而不是沉浸在伤感、后悔的情绪里。已经发生的事情,就让它过去吧,扼腕叹息甚至后悔都没有用。顺其自然,保持平和的心态,让当下的自己保持一份淡然,这才是生活的真谛。

不要为失去的东西而惋惜或后悔,甚至埋怨生活。要知道,真正重要的还握在你的手里,你依然拥有现在和未来。即使埋怨,一切也不会改变,有些东西失去了就永远也不可能再回来。

过去的已经过去,历史不能改写。因此,不必后悔,不必悲伤,更不必流泪。在这个世界上,人们难免有失策或愚蠢的行为,那又能怎么样呢?要勇于忘记过去的不幸,重新开始全新的生活。

每个人都有自己的路途,途中会出现各种各样的过客,每段经历都是生命留下的印记,不论回忆是美好的还是痛苦的,都是已经发生的。不要过多地后悔,而应调整好情绪,迎接每天新升的太阳。把握好现在,做好自己,你就会有更多的精力创造未来。

忘却是一种人生智慧

有个人不知道该如何摆脱心中的苦恼，便向神父诉说。神父告诉他："不妨试着想办法解决那件引发痛苦情绪的事情。"

这个人摇摇头说："我心有余而力不足，况且有些事情业已发生，根本没有更好的解决方法。"

"那你为什么不尝试着去忘掉呢？"

"很多事情都是难以忘记的，我担心自己做不到。"

"你曾经有过什么麻烦事，或者发生过什么让自己纠结痛苦的事吗？"

这个人点点头，开始在记忆中搜索那些曾经让自己纠结和痛苦的事，可是他想了很久，却怎么也想不出一件具体的事情。于是，神父笑着说："以前的事情既然可以忘记，现在的事情为什么就不能够忘记呢？"

怀旧是一种对过去生活的再体验，它能让我们感到欢愉，也能让我们追悔莫及。美好的追忆当然很甜蜜，但痛苦的回想则是对自己的折磨。为了提高我们的生活质量，调整和改善我们的精神状态，我们必须学会忘却。

心理学家柏格森说："脑子的作用不仅仅是帮助我们记忆，还能帮助我们忘却。"这句话也是在提醒我们，要善于对自己不健康的情

第十二章
怀旧——将自己从记忆里拔出来

绪进行清理和调整，不然的话，我们就可能因为沉浸在一件件痛苦的往事中不能自拔，背上沉重的心理包袱，在前行的路上步履蹒跚。

戴尔·卡耐基认为，正常的忘却是人类的生理与心理所必需的。医学实验表明，一个人如果记忆出现异常，凡是经历过的事都不会忘记，那么他每天的活动都会充满混乱。况且，人有旦夕祸福，古往今来，天灾人祸，留下了多少伤痕，如果一一记住它们的疼痛，人类早就失去了生存的兴趣和勇气。没有"忘记"的生存，是痛苦的生存。要活下去，就不能记得太多。忘却，在某种层面上是值得赞赏和推崇的，人类是在忘却中前进的。

然而说起来容易做起来难。要忘掉过往并非是件易事，尤其是忘却悲伤、惨痛、屈辱的往事，更不容易办到。因为它们是你的痛、你的悔，是你心灵上的一道道带血的伤痕。不过假如你不忘却它们，你的灵魂就会被它们一点一点地腐蚀，你会因而变得憎恨、怨怼，甚至使自己精神崩溃，陷自己于疯狂之中。既然如此，我们为什么不能洒脱一些呢？

无论现实多么残酷，生活都要继续，你不能改变环境，更不能修正过去，你能够做的，是要学会适时忘却，记住所有美好的回忆，忘却该忘却的痛苦。诚如一首歌中所唱的那样："让他随风去，让他无痕迹，所有快乐悲伤、所有过去，通通都抛弃。"要学会糊涂一点，淡然一点，宽容一点，如此，才能看得更远。

人生是一个发展的过程，每个阶段有每个阶段的使命，若是总用怀旧疗伤，就会将今天荒废。与其这样，不如顺其自然，正如庄子所言："至人无己，神人无功，圣人无名。"意思是：至德的人，忘却自己，无心用世；神明的人，忘却立功，无心作为；圣哲的人，忘却求名，无心胜人。人生之路漫长而曲折，你只有不断上下求索，不断醒悟，不断发展，才能有所增进。

正如戴尔·卡耐基所说："学会忘却，你就是一个勇敢、幸福、快乐的人！"忘却是一种幸福，忘却是一种境界，忘却是一种人生的智慧。昨天已经过去，不会再回来；明天尚未来临，无法预知；只有今天可以把握，需要珍惜。爱过、痛过、拥有过、失去过、这便是生活。

心态归零，让过去的成为永远

人生难免遇到一些挫折和麻烦，如学习中感到不顺利，生活中感到不如意，工作中感到不舒心。这时候，我们没有必要抱怨，或者表现出"吃不到葡萄说葡萄酸"的心理，我们最需要做的就是给过去画上句号，争取在接下来的日子里，让自己表现得更好。无论是面对工作还是生活，也不管是遭遇失败还是获得成功，我们都不妨让这一切"归零"，然后以全新的姿态开始。阿里巴巴的总裁马云先生就是有着"归零"心态的典型代表。

在庆祝阿里巴巴10周年的活动上，马云曾这样说："今天是阿里巴巴10周年庆，看到大家的激情，我从来没有如此担忧过，因

第十二章
怀旧——将自己从记忆里拔出来

为今天是一个阶段的结束,我们后面的92年才刚刚开始。从昨天晚上到今天早上,我们收到了18个阿里创始人的辞职信,我们所有的18个人辞去了自己创始人的职位,因为我们知道,从9月11日开始,阿里巴巴将进入一个新的时代,进入合伙人的时代,我们18个人不希望背着自己的荣誉去奋斗。今天晚上将是我们睡得最香的一个晚上,因为今天晚上我们不需要说因为我是创始人,我必须更努力,因为今天我们辞去了创始人的职位,明天早上我们将继续去应聘、求职阿里巴巴,我们希望阿里巴巴再度接受我们,跟任何一个普通员工一样,我们的过去一切归零,未来十年我们从零开始。"也正是这种勇于把过去"归零"的心态,才成就了阿里巴巴今天的辉煌。

在过往的成绩面前,我们不要飘飘然,不要自我陶醉,而应该时常审视自我,将自己的心态归零。要知道,当你把自己的位置放得越低时,你向上发展的空间才越大。而如果你总是自视甚高,太把自己当回事,结果只能是在自怨自艾中走向低谷。

我们常有意或无意地穿越时空隧道,回到过去,审视每一个阶段的自己,欣赏着孩提时的天真,少年时的轻狂,青年时的潇洒,中年时的稳重,还有那些萦绕在脑海里难以抹去的往事。每当此时,痛苦、悲伤、懊恼、失意也都会涌上心头。

其实,我们不必如此折磨自己,过去虽然是一段难忘的经历,但它已经不能重来。为此,我们应该给自己一点希望的慰藉。无论怎样,都要将困扰着我们心灵的那些思绪抛到远处,并为自己挂上一幅风景优美的山水画。

有些事情已经过去了，就让它永远地过去吧！你不必在想起它时悲痛欲绝。既然那些已不属于你，不管是恋人、荣誉还是青春，就让它们永远地成为过去吧！你可以把自己当作一个旁观者，看自己的日子一页一页翻开，然后在困倦时再将它轻轻地合上。不要总将过去这本书拿出来读，即使它带来的影响是正面的，也会让你多少有些感伤。

在我们的周围，有很多人总想用昔日的美好来填补今日的空虚或遗憾，其实他们错了。现在的一切不需要过去来修订，现在和过去都是独立的。不用今昔对比，只要向着好的方向走去就没有错。

多数情况下，人们之所以情愿在怀旧的情绪里沉沦，是因为没有把握好愉快的现在。现在有许多美好的事情值得你去珍惜，而过去的事情无法挽回，无法弥补，往事不可追，不要因为活在对过去的回忆里而失掉了美好的现在，否则往事挥之不去，今日也如过眼云烟，不久将成为你不能忘记的过去，那样的人生并无快乐可言。与其耗费精力感伤过去，还不如把更多的热情投入新的生活，等你创造了更美好的今天时，你会发现不愉快的往事也随风而去了。

对于经常受怀旧情绪影响的人，戴尔·卡耐基的忠告是：忘记过去吧！不要让它再束缚你，禁锢了你的思想，你必须把它扔掉，不要让它再次摧残自己软弱的内心，不要让它使自己再次受到伤害。让时间的钥匙给记忆的箱子上把锁吧！不要再留恋于过去的一点一滴，把握住现在是最重要的；做现在的自己，是最快乐的事情！

第十三章

悔恨——别和自己的错误过不去

在生活中,悔恨能促使我们反思,帮助我们总结,但是悔恨也能消耗我们的精神,磨灭我们的意志。着眼于"下次"的悔恨是必要的,而沉湎于既往的悔恨则是无谓的浪费。

多年以后，当你与初恋情人再次邂逅时，对方邀请你吃饭，在饭桌上你会点什么饮料呢？

A．一杯白开水。

B．对方曾经爱喝的饮料。

C．让对方点。

D．什么都不要。

解析：

A．你是一个喜欢为对方着想的人，既然很多事情无法挽回，就应将其忘却，虽然这需要很长一段时间，但唯有时间才可以为你疗伤。

B．你常为自己曾经犯的错而懊悔。

C．你是一个腼腆的人，遇事不主动，尤其在爱情方面。因此，你常会错过很多爱你的人，而你自己却浑然不知。当然，你也更无从去悔恨了。

D．你的个性非常强，爱为小事生气，更对过去念念不忘。即使这样，你也不愿让对方知道你的心思。你宁可一个人独自忍受寂寞和悔恨。

第十三章
悔恨——别和自己的错误过不去

将"要是"改为"下次"

戴尔·卡耐基先生曾劝慰一个每天生活在悔恨中的人："悔恨有什么用？只会使自己不快乐！悔恨在我们走好运时睡去了，但在身处逆境时，却更强烈地感觉到它。如果错过了太阳时你流了泪，难道你还要在悔恨中错过群星吗？"

有很多人将时间花在后悔上，他们总是说："我那次要是能如何如何就好了。"为此，他们沉湎于懊悔中不能自拔，造成巨大的精神损失。

既然事已至此，你的悔恨于事无补，只会给自己徒增烦恼，你又何必让自己在痛苦中煎熬呢？人生不可能没有遗憾，但我们应将遗憾降到最低。既然往事已不复存在，为何还被它纠缠，为它伤心落泪呢？诚然，有些时候，为了错失的爱情而追悔莫及，为了犯错而懊悔不已，都是人之常情。但若始终活在悔恨中，就会贻误以后的生活。

其实，对待悔恨的方法很简单，只要把"要是"改为"下次"就行了。

一旦事情办糟了，应该对自己说："没关系，这次只不过是个演练，为自己增长经验。如有机会，下次我一定要成功。"失去了一份爱情，你也不必痛心不已，应该对自己说："如果让我再遇到他，我一定要把握住机会。要是今生不能再见面，或是再相聚时也无法回到过去,我就应祝福他。下次遇到心仪的人,我一定要学会主动。"如果你考场失利,未能如愿以偿,也不必遗恨终生,应该对自己说:"虽然在这一轮比赛中我输了,但是人生处处都有竞争,社会更是一个复杂的竞技场,我还有的是机会。下次,我一定要东山再起,转败为胜。"

虽然很多事不会再有下次,但我们可以尽量避免类似的遗憾再次发生。

将"要是"改为"下次",是对自己的一种心理安慰,也是在沮丧时给自己点燃的一盏希望之灯。

在生活中,悔恨能促使我们反思,帮助我们总结,但是悔恨也能消耗我们的精神,磨灭我们的意志。着眼于"下次"的悔恨是必要的,而沉湎于既往的悔恨则是无谓的浪费。

让失去变得可爱

我们都失去过某种重要的东西,这些经历大都在我们心理上投下了阴影。究其原因,就是我们并没有调整心态去面对失去,没有从心理上承认失去,总是沉湎于已经不存在的东西。事实上,与其为失去的而懊恼,不如正视现实,换一个角度想问题:也许你失去的,正是他人应该得到的。

俄国伟大的诗人普希金在诗中写道:"一切都是暂时,一切都将

第十三章
悔恨——别和自己的错误过不去

消逝,让失去变得可爱。"居里夫人的一次"幸运失去"就是最好的例子。

伟大的科学家居里夫人也感受过爱情的反复无常,受到过失恋的打击。当年,天真烂漫的玛丽亚(居里夫人)中学毕业后,因家境贫寒,没钱去巴黎上大学,只好到一个乡绅家里去当家庭教师。后来,她与乡绅的儿子卡西密尔相爱了。当他们计划结婚时,却遭到了卡西密尔父母的反对。他们认为贫穷的女教师怎么能与他们的身份相匹配呢?百般无奈之下,卡西密尔屈从了父母的意志。

失恋的痛苦折磨着玛丽亚,她甚至有过自杀的念头。但玛丽亚除了个人的爱恋外,还爱着科学和自己的亲人。于是,她放下这份感情,投入学习中。后来,她碰到了皮埃尔·居里,并成为他的妻子,与他一起走上了科学的道路。

爱情是一种锻炼灵魂的意念,我们每个人从中都能受益。承受住失去,往往能从失去中获利。有时,失去不一定是忧伤,而会成为一种美丽;失去不一定是损失,也可能是奉献。只要我们抱着积极乐观的心态,失去也会变得可爱。

人不可能永远拥有而不失去,有得便会有失,这是亘古不变的道理。美好的东西似乎总是容易逝去,因此,我们总是一方面为着美好的事物而感到幸福,同时又叹息着失去的无奈,生活注定要如此:雪花飘飞得再优美,最终也要融化成水;花儿开得再艳丽,也无法避免零落成泥碾作尘；潮水来得再壮观，也会有落潮时的寂静；快乐得到的再多，也终将饱尝失去时的苦楚。

由生到死、由有到无、由得到失不过是人生的一段历程，谁也无法轻易逃离，谁也无法轻易回避。我们害怕死亡，其实死亡不是生命的流逝，而是因为走出了时间的荒野；我们害怕失去，然而失去了也并不是一无所有，而只是为了能够更好地放下。总有一些东西注定要在拥有时失去，总有一些人、一些事匆匆而来又匆匆而去，面对刹那芳华，我们又何必心碎。

人生苦短，必须善待失去。试想，如果什么都不失去，那世界将是一种什么样的情景呢？植物不失去鲜花，能结出甜蜜的果实吗？天空不失去太阳，能看到迷人的星光吗？许多东西，你一旦拥有了便舍不得丢弃，日积月累，不是会有一大堆废物让你肩扛背驮吗？你虽然没有失去，但岂有不累之理？与其累死累活地不得自在，何不痛痛快快地接受失去呢？

没有任何错误会持久

戴尔·卡耐基先生的一位商人朋友为失去生意而惋惜道："如果我改变自己的做法的话，就不至于到现在这个地步了。"

卡耐基先生说："当你悔恨过去的时候，你也许错过了生意上的更大机会。"

第十三章
悔恨——别和自己的错误过不去

商人点头表示赞同，却又皱着眉头问："可是，我该怎么做才能忘掉自己的错误呢？"

卡耐基先生说："让它自生自灭吧！没有一个错误会持久的！"

人们总是试图抓住一些无法挽回的、不幸的事情，以及一些给我们带来痛苦、造成担忧和焦虑的事情，为此经历着悔恨的折磨和痛苦。曾经的错误所造成的损失弥补起来并不困难，但是对我们心灵的摧残是难以抹灭的。

社会上经常有这样一些人，他们有很多令人沮丧的记忆，他们的头脑中充满了消极的思想，装满了让人感到悲伤、痛苦和耻辱的回忆，以至于得不到片刻的平静和快乐。

为什么让对过去的悔恨缠绕着你呢？难道它不是已经很大程度上加深了你的皱纹，压歪了你的肩膀吗？难道它不是已经带走了你的欢笑，带走了你生活中的乐趣，使你的步伐失去了稳健吗？难道它不是已经让你伤心，使你的头发日渐稀少、日益苍白，使你变得过于严肃而早衰吗？为什么还要继续让它带走你体内的更多东西呢？为什么不把它从你的生活中赶走，把它从你记忆的石板上彻底抹去呢？为什么让过去来破坏你的未来呢？随它去吧！

不断反思和彻夜不眠并不能减少过去的事情对你造成的伤害，而只会使你丧失精力和能量。如果你把这些精力和能量用在那些值得去做的事情上的话，你就能更好地完成现在的工作，以弥补过去的损失，创造更好的未来。无休止的悔恨不仅让你什么都得不到，还会使你处于一种非常不健康的状态。

有一个简单的心理暗示能帮助你从悔恨情绪中得到解脱，那就是对自己说"没关系"。在生活中，"没关系"有着超出常人想象的神奇超脱效应。在遇到意外的挫折和失败时，对自己说"没关系"，任何人都不会一帆风顺，这样你就会释怀；犯错之后，对自己说"没关系"，那么挫折和失望就难以再去破坏你心灵的平静了。

你可以为曾经犯过的错误感到遗憾，但不必一直为此感到悔恨。犯错并不可怕，只要我们能学会毫不畏惧地面对现实，告诉自己"没关系"，就能让毫无益处的懊悔随风而去，我们也将会生活得更美好、更快乐。

创造没有悔恨的人生

一个志向远大的年轻人要背井离乡到外面去闯荡。临行前，他去拜访本族的族长，请求指点。老族长随手写了三个字——不要怕，然后抬起头来，望着年轻人说："孩子，人生的秘诀只有六个字，今天先告诉你三个字，供你前半生受用。"

30年后，这个人回到家乡，又去拜访那位族长，想知道人生的另一半秘密。他到了族长家里，才知道老人几年前已经去世。家人取出一个密封的信件对他说："这是老人家生前留给你的，他说有一天你会再来。"他拆开信封，里面赫然又是三个字：不要悔。人生

第十三章
悔恨——别和自己的错误过不去

在世，中年以前不要怕，中年以后不要悔，这是经验的提炼、智慧的浓缩。

天气冷了，还会变热；树叶落了，还会长出新芽。但是，岁月流逝了，就永远不会再回来，今天明白了，马上付诸行动，我们拥有的时光就会更多些，以后的遗憾也会更少些。无论你在什么时候开始，重要的是开始之后就不要停止；无论你在什么时候结束，重要的是结束之后就不要悔恨。

如果你是学生，为了避免日后悔恨，就要抓紧时间学习，不要贪于玩乐，将学业荒废。现在的社会竞争如此激烈，若是没有真才实学，肯定会落后于他人。千万不要等到迈入社会后处处碰壁时才悔恨不已。

如果你想做成一件事，就应尽力而为。在面对困难时不要沮丧不前，应突破重重险阻，哪怕伤痕累累，精疲力竭，也要达成心愿。如此，才能无怨无悔。若是被困难吓倒，半途而废，不仅功败垂成，下次再遇到同样的困难，你一样会受阻。与其前功尽弃，不如放手一搏，潇洒地迎接人生中的风风雨雨。

如果你爱一个人，就要对他（她）说出来，不要等到缘分已尽才追悔莫及。对你的爱人、父母、孩子，都应坦率地表达出你对他们的爱。

如果你犯了一个无法弥补的错误，常感到良心不安、愧疚不已，就要告诉自己，人要成长就难免会犯错，可时光仍在飞逝，我们还需要在人生的道路上不停地摸索。过去的已不可更改,未来的仍要谱写,关键是在错误中吸取教训,这样在未来遇到类似的问题时就不会再犯错了。

戴尔·卡耐基说:"时间很重要,健康也很重要,把你一生最重要的东西都好好珍惜,好好利用你的潜能,好好利用你的人生,好好利用上天给予你的一切。"机会不是常常都有的,不要让心中的悔恨阻碍你把握新的机会,创造新的人生!

第十四章

浮躁——这个世界能在你心中激起多高的浪

我们渴望成功、期望获得成就本身是正确的,但是浮躁的心态却会让这种期望与渴望引发错误的行为,为我们的成功之路增添障碍。

下面的问题能测试出你是否有浮躁心理,请回答"是"或"否":

1. 做事往往半途而废,见异思迁。

2. 总感到惶恐、忧虑。

3. 幻想一夜暴富,常为此浮想联翩。

4. 随大流,人家炒股赚了大钱,你也不惜一掷千金加入其中,只为获得丰厚的利润。

5. 眼高手低,却又心有不甘,于是跳槽成了家常便饭。

6. 脾气暴躁,一点就着,难以控制自己的情绪。

7. 寂寞时想找人谈恋爱,一般是上网交友,但与对方相处之后,又常感到郁闷,认为这不是自己梦寐以求的爱情。

8. 求职中往往想着大城市、大企业、大单位,向往高收入、高地位,不能正确评估自己的能力,结果处处碰壁。

9. 渴望并力求结识比自己优越的人,而对不如自己的人则很冷淡,希望从交往对象那里获得好处。

解析:

如果上述 9 个问题中你至少有 6 个问题回答"是",表明你存在明显的浮躁心理。

第十四章
浮躁——这个世界能在你心中激起多高的浪

浮躁让人喜怒无常

在现实生活中，有些人很情绪化，他们一会儿十分兴奋，一会儿又很沮丧；一会儿开怀大笑，一会儿痛哭流泪。他们喜怒无常，让人摸不清他们的脾气，而且工作起来好像有使不完的劲儿。这样的人往往被他人视为怪人。殊不知，这样的"怪"正是一种心理疾病的表现。他们患上了严重的浮躁症。

有一个十分内向的女孩，突然从某一天起好像变了一个人似的。原本寡言少语的她变得逢人就滔滔不绝，恍若旧相识一般。她之前不怎么参加学校的活动，可是现在有什么活动都积极报名。在学习上，她好像瞬间开窍了一般，思维十分活跃，成绩也突飞猛进，期末竟然破天荒地第一次拿到了奖学金。踌躇满志的她还雄心勃勃地计划竞选下一任学生会会长。

她的变化不止于此。凡是遇到同学争论某一话题，她必定发表自己的想法，若是遭人质疑，则会惹得她暴跳如雷。她在跟人辩解时语速会越来越快，人们甚至听不清她在说什么。在家里她的脾气更火暴，稍遇不顺心的事就摔东西，或是跟父母顶嘴。

父母察觉到她行为怪异，于是带她去看心理医生。医生了解了女孩的详细情况后认为她得的是浮躁症。这是一种由大脑某种神经传导物质过度分泌造成的心理疾病。发病初期，当事人会感到自己的思维很活跃，爱畅想未来，喜欢将日常生活安排得格外充实。这时，旁人还看不出来他们的异样，待到病情继续发展，当事人的现实感和判断能力逐渐减弱，人也极易冲动，以致最后精神失常。

浮躁症的表现就是做事无恒心，见异思迁，不安分，总想投机取巧，成天无所事事，脾气大，具体特点有：

1. 心神不安。对瞬息万变的社会感到恐慌，对前途很忧虑。

2. 焦躁不宁。心浮气躁，急功近利。尤其在看到他人的优越时常夜不能寐，表现出一种焦虑的情绪，甚至引起头痛等疾病。

3. 妄动、冒险。由于焦躁不安，情绪取代理智，使得行动具有盲目性，行动之前缺乏思考，只要能达到目的，连违法乱纪的事都会去做。

4. 浮躁给人以一种假象，仿佛此人精力充沛，说话与做事都极具感染力，甚至显得咄咄逼人。

初次接触浮躁症患者，许多人都会产生错觉，以为他是那么具有活力，使人感动。可是，随着时间的推移及了解的加深，你会发现他隐藏的缺陷：讲话没有深度，行事缺乏条理和计划性，说过的话转眼就会忘记，对交给他的任务也不会认真对待。

戴尔·卡耐基认为，浮躁的情绪容易使人陶醉，因为浮躁者的自我感觉好极了，看起来雄心勃勃。可是，世界上鲜有浮躁者成功的例子，而浮躁情绪的极端便是狂躁，是一种更加严重的心理疾病。

浮躁症是由于遇事不够冷静、急于求成、长期放纵自己等原因造成的，如果任其发展则会导致精神失常。因此，人若得了浮躁症一定要主动寻求帮助，否则后果难以想象。

如果当事人在发病初期就有所察觉，并加以正确治疗，其病情就能得到有效的缓解。待病情得到控制后，病人除了需要服用一些相应的药物之外，还需要注意避免压力过度，睡眠要充足，最好能维持较稳定的、规律的生活方式，不要给自己设定太高的目标。

产生浮躁心理的时代因素

36岁的丹尼尔在接手公司的区域管理任务后，决定为自己拟订一个年度计划：在春季，实现人员的全大学生制；在夏季，让整个区域的销售额上升50%；到秋季，让公司产品实现50%的覆盖率；在冬季，向公司交出一份合格的答卷——整个区域销售额翻倍！

可是，进入5月后，丹尼尔发现自己的计划并没有实现。虽然销售人员已经实现了全大学生制，但因为公司的薪酬制度不合理，导致人员流动性过大，新员工往往刚刚熟悉工作流程，就跳槽去了待遇更好的公司；至于销售额提升50%的目标更是遥遥无期，他的团队到现在连目标的一半都没有实现！

此时，丹尼尔越来越不安，再这样下去，自己这个区域经理到不了年底就要下台。长时间的付出眼看要付诸东流，他表现得越来越沉不住气——看到表现不好的员工立即开除，对表现较好的员工又太过溺爱，这导致整个团队呈现出一片混乱的局面。

由心而乱，由乱生乱，在秋季还未结束时，丹尼尔便因为团队管理出现了大问题，不得不向公司提出了辞职申请。

浮躁是肤浅的姐妹，是虚荣的挚友。一旦浮躁之心产生，种种杂念便会惑乱我们的心，使我们对事物整体的理智见识被蒙蔽，这种蒙蔽会使理性无法发挥作用，而任由负面的感情不断地发泄。就如丹尼尔短暂的经理生涯一般，浮躁会使我们在错误的道路上越走越远却不自知。

我们渴望成功、期望获得成就本身是正确的，但是浮躁的心态却会让这种期望与渴望引发错误的行为，为我们的成功之路增添障碍。成功需要沉淀，而浮躁却让我们无法踏实地做事，总是急于求成，从而失去越来越多的成功的机会。

浮躁者多半有轻浮、做事无恒心的表现，他们习惯于见异思迁，不愿意安分守己地做事，而总是期望通过投机取巧来获得成功。在这个浮躁心理日益盛行的时代，我们可以找到浮躁产生的原因。

1. 科技的发展、信息的发达导致了浮躁。日新月异的科学技术使我们的生活节奏变得越来越快，我们无法再像过去的人们一样，一壶酒、一碟小菜，便可与友人畅聊整个下午。现在，我们更追求效率、速度与解决问题的捷径。与此同时，我们往往会忽略等待与耐心的重要性，甚至会不惜一切代价地去投机取巧。最终，人与人之间的交流变得越来越少，我们变得越来越自我与独立。

2. 愈演愈烈的竞争与越来越大的工作压力。如果说高科技仅仅

第十四章
浮躁——这个世界能在你心中激起多高的浪

是一个间接原因、一个诱因的话，那么压力与竞争便是导致浮躁产生的直接原因。竞争会促使社会优化，而这种优化的意义只有一个：向个人提出更多的要求。我们不能坐以待毙，更不能守株待兔或坐享其成，因为我们所渴望的一切都需要自己去争取、去赢得。这是一个非常现实的问题。可以说，人与人之间的冷漠与残酷，都是浮躁心理所导致的不良后果。

3. 畸形的快餐文化。在这个时代里，充斥了太多的"伪科学"。市场上有太多的理财、投资、成功学书籍，新奇的标题、离奇的情节、夸张的形式，使我们对此根本无法抵抗。在物欲涌动的今日，我们对这些快餐文化愈加束手无策，在默默接受的同时，它们能带给我们的，除了浮躁，还是浮躁。

4. 自我的不安。不管外界如何变化，最能够影响个人的，还是其内心的想法。有些人在各种外力的冲击下依然可以保持恬静的心态，他们可以做到大隐隐于市，而有些人只要感觉到环境出现细微的变化，便会对现状感到不安。可以说，内因才是引发浮躁心理的最根本原因。与他人的攀比、金钱至上的观念、一夜暴富的想法，都在影响着我们焦躁的心灵。

浮躁是幸福、快乐与成功的最大敌人，从某种意义上来说，浮躁更是各类心理疾病的根源，它所呈现出来的表现方式多种多样，并已渗透到我们的日常工作与生活中。可以这样说，我们的一生，便是与浮躁进行斗争的一生。

拭去内心的缕缕浮躁

如果你想知道自己是否有浮躁心理，可以看看自己是否有以下几种情况。

·经常心神不宁，非常恐慌，对自己、对未来毫无信心；

·总是焦躁不安，习惯与他人攀比；

·在行动之前，总是缺乏思考，或者不愿意花时间去思考；

·拿起一本书却根本无法安下心来翻阅。

当你发现自己浮躁时，不要害怕，因为大多数人在年轻时都会浮躁。如果你恰好如此，只能表明一件事：你在经历心灵上的自我成长。

戴尔·卡耐基认为，浮躁因内心各种欲望蠢蠢欲动而难以平静下来，焦虑、嫉妒、攀比、迷茫、不安等不良心态始终伴随左右，严重影响了我们的生活，并成为我们成功、幸福和快乐的羁绊。我们只有拭去心灵深处的浮躁之尘，才能找到安静和快乐。

在与浮躁进行斗争的过程中，运用一定的技巧，会增加我们对人生的掌控力。

1. 有理想，也要有行动。有些人每天都会为自己设立不同的理想与目标，他们也会幻想，若这些目标实现，自己的人生会拥有怎样美好的变化。但是，他们从来不会想应该怎样去实现这些目标，

第十四章
浮躁——这个世界能在你心中激起多高的浪

不愿付出而导致半途而废是他们经常得到的结果。但事实上，美好的理想需要行动的支撑。

2. 不可高估自己，更不能贬低自己。有些人习惯将自己的能力看得很高，认为自己无法成功是因为时机问题。他们不安于现状，结果往往一事无成。另有一些人认为自己能力不足，在面对挑战与机遇时过分犹豫，导致机遇流失。但是，正确地对自我进行定位，清楚地明白自己所拥有的优势与劣势，扬长避短，才是获得成功的关键。

3. 不进行恶性的攀比。有时，与他人比较可以看到自我的不足，激发人的斗志，促使人们为美好的明天而奋斗，这种攀比是良性的，更是追求更好自我的一种正确方法。但是，若单纯地为了满足自己的虚荣心，为了炫耀自己所拥有的一切而进行攀比，便会使自己变得焦躁不安。可见，恶性的攀比是不可取的，因为它会让你看到自己所没有的，而忽视了眼下所拥有的。

4. 让自己学着淡然。淡然并非不思进取，淡然是指能够更平静地面对自己的荣耀与失败，使自己坦然地面对变故。在这种心境下，坚持自己的原则，冷静地分析自己所遇到的问题，踏实地坚持自己的道路，如此，浮躁便无法困扰你的人生，你的心灵也会获得宁静。

许多人渴望成功，而浮躁的心态却成了他们走向成功的最大的绊脚石，因为成功需要时间的沉淀，而浮躁却是沉淀的反面，同时也是美好生活的障碍。按捺不住自己的心，人生便会持续浮躁下去。

浮躁是心灵的失衡，也是心理自我调节的错位。做人、做事、工作、学习都是应该给人带来快乐的。很多时候，我们不仅需要在心中添一把火，以燃起某些希望，更需要在心中洒点水，以浇灭某些欲望和浮躁。拭去浮躁，你会感觉到其实凡事都不是一蹴而就的，包括我们的事业、爱情，甚至美好人生，享受过程中的美才是人生的真谛。静下心来，把脚步放慢，你便会感悟到并获得自己所渴望的一切。

不要让浮躁在压力中产生

有一项调查证实，在现代人的各种病症中，约有90%以上都与工作压力有关。快节奏的生活、优胜劣汰的激烈竞争环境，迫使我们不断地努力努力再努力。我们就像现代社会这个大机器上的一颗颗螺丝钉，为了能紧跟时代而飞速运转，我们的身心都承受着巨大的负荷。

戴尔·卡耐基认为，浮躁多是缘于紧张繁忙的工作。现代人的压力都很大，社会竞争又如此激烈。为了完成绩效，每天的时间被安排得满满的，一时可能有几件事情需要处理，于是则浮躁，心不着地。此外，事情一多，脑子发蒙，心里起火，手足无措，心急火燎之情由此可见。当然，心理素质较差也是造成浮躁的另一主因。阅历少，经验少，心理承受能力差，遇事毫无主见。此时此刻，众多事情压过来，往往让人心慌意乱，浮躁的所有生成条件顿时全部

第十四章
浮躁——这个世界能在你心中激起多高的浪

具备，犹如电脑病毒一样瞬间爆发。其实，我们应力争让生活有条不紊、按部就班。学会规划自己的时间，就能将杂乱的事情理出头绪，这样你也不必在忙乱中着急上火，心神不定了。

就像我们不能逃避生活一样，我们也无法逃避压力。有压力并非坏事。没有压力的生活，会使我们长期处于精神松散的状态，容易导致懒散、精神空虚、无聊消极，甚至抑郁厌世等。一定的压力则会令我们振奋，激发工作热情，使我们感受到生活的充实。但是，压力过大则绝非好事，轻则使人陷入紧张、浮躁、焦躁、疲劳之中，到一定程度就会导致麻木、迟钝，严重的会使人精神崩溃……

再说，压力本身并非人生的目的，我们要过的是健康、丰富、惬意的人生，而不是一味地承受压力。既然压力是不可避免的，我们就要学会自我减压，使压力保持在我们所能承受的限度内，不要让浮躁在压力中产生。

那么，困境、难题、挫折、不幸是不是生活的组成部分呢？是不是既会困扰我们，也会困扰别人呢？如果你认为困境确实是生活的一部分，那么在遇到它时就要沉住气，学会减轻自己的心理压力，具体可以分三步走：

第一步，考虑自己所面临的压力是否能马上改变，可以改变的就努力去改变，一时无法改变的就要勇于去接受。

第二步，想想这件不如意的事会糟糕到什么程度。

第三步，面对压力，分析原因，依靠自己的努力去争取别人的理解和支持，寻求和创造转机，化压力为动力，走出困境。你还需注意另外一个问题——倒霉的时候不要只想着倒霉的事，而看不到生活美好的一面。

人们常常就是这样，一旦遇到挫折和不幸就容易眼界狭窄、思维封闭、惶恐不安，甚至不知从何下手开始解决，结果把困境和不幸看得越来越严重，以至于被浮躁等不良情绪羁绊。

其实，我们既不会万事如意，也不会万事受挫。如果你能随时随地地看到和想到生活中的光明一面，同时意识到自己面临的困境别人也曾遇到过，甚至比自己遇到的更严重，那你就能从烦恼和痛苦中解脱出来，并且有可能获得新生，从而更加自信而愉快地生活。

第十五章

偏执——别让坚持沦为固执

偏执是魔鬼,生命中太多的障碍都是由这种过度的固执造成的。偏执的人时常会拖累别人,自己也难免深受其害。

失恋后，为了彻底忘记过去，你到理发店将留了多年的长直发剪去，并烫了一个卷卷的俏丽发型。但是，烫完后你非常不满意，害怕被人嘲笑，这时你会怎么做？

A. 再把头发烫直，虽然短一点，但还是有原来的样子。

B. 干脆再剪短一点，彻底焕然一新。

C. 安慰自己，只是暂时不习惯，时间长了就好了。

解析：

A. 在生活中，你很平易近人，可一旦遇到让你理念坚定的事情时，就会变得有点不可理喻。你的偏执指数为60%。

B. 你是一个倔强的人，凡事都自己做主，不爱听取他人的意见。你的偏执指数为90%。

C. 你常常人云亦云，没有自己的看法，或是即便有也将其保留在心底。遇到争论时，你常常妥协，不爱与人争辩。很多事情即使不情愿也要去做，过后又往往会后悔。你的偏执指数为30%。

第十五章
偏执——别让坚持沦为固执

偏执让人走入危险的境地

多数时候，人们都会固执地相信自己而排斥他人的意见，对于自己的想法和行为总是固执地坚持着，无论是对还是错，都不愿意轻易地认错或者让步。这种心理实际上是一种相对极端的自我保护、自我认可意识。而一味地固执己见、思想偏激、不计后果就会变成偏执。

偏执是魔鬼，生命中太多的障碍都是由这种过度的固执造成的。偏执的人时常会拖累别人，自己也难免深受其害。你如此偏执，危险的事会时刻拨动你的心弦，制造的事端在多年以后还会是水底的暗礁。欲念偏执有时候很明显，有时却是隐性的、不知不觉成形的，它悄悄作用在我们的生命中，将我们引向危险的结局。

戴尔·卡耐基认为，偏执往往不是单方面的，它还有可能在偏执者内心树立起一道坚固的防御之墙，排斥一切与固有经验和陈旧思想相对立的新经验或者新思想。这说明偏执就像坚固的钢铁罐头，不但可能把人禁锢在不安全的错误之中，而且还会隔断一切外界的援助，因此偏执必然会常常把人置于危险之中。

有个男孩疯狂地追求一个漂亮的女孩，但是对方却不答应。男孩用尽一切办法也是枉然，但依然很执着，他坚信自己所做的一定能感天动地，让女孩回心转意。后来，女孩交了个男朋友。男孩痛彻心扉，但仍固执地认为女孩是在以这种方式考验他。于是，他仍不肯放弃，继续展开追求。即使女孩已多次坦言自己并不喜欢他，希望双方能各自开始美好的生活，但男孩还是那么倔强，大有"不追到手誓不罢休"的气势。

终于有一天，女孩宣布自己要结婚了。男孩的精神几近崩溃，他实在忍受不了多年的付出化为泡影，成了一场令人寒心的梦。于是，在女孩结婚那天，男孩隐没在热闹的人群中。待到这对新人喝交杯酒，众人沉醉于喜悦之中时，他突然冲到女孩面前，将手中的一瓶硫酸泼到了她的脸上。

结果自然可想而知，男孩锒铛入狱，女孩被严重毁容，失去了原本属于她的幸福生活。但是，男孩在狱中对女孩还是念念不忘，他总自言自语道："只有这样做才能让那个男的离开她，让她知道，在这个世界上只有我是真心爱她的，不论她变成什么样。那些男人都是看中了她的美色。"

这个偏执的男孩将用一生的时间来为自己所犯的错误赎罪。但是，即使这样也不能挽回女孩所受到的伤害，也不能抚平她心灵上和肉体上的痛苦。

人为了得到某些东西，常会走向极端。这种非达成不可的心态既是促使人成功的动力，又是让人走向自我毁灭的魔咒。诚如上例中的男孩，若是知道凡事不能强求，恐怕结局也不至于如此惨痛。既然怎么努力都无法赢得对方的芳心，就应理智地放弃，千万不要

第十五章
偏执——别让坚持沦为固执

做出伤害他人的事情。这是一种修养，一种风度，也是一种智慧。

但偏执的人偏偏不懂，他们像是被下了一道危险的符咒，将自己的欲念无限放大，对周围人的劝阻充耳不闻，一心只做自己想做的。他们盲目地认为只要努力就能达成心愿。为了早日实现目标，他们每夜辗转反侧，难以入眠；他们殚精竭虑，思谋着下一步；他们焦虑痛苦，只因事情毫无进展。他们的执念越多，反映在身心上的那些负面症状也越多。

努力追求但不强求的心境，是破除欲望执念的解药。人应有所执着，但要适可而止，若是不顾实际情况一味地坚持下去，就是将自己推向极端，这样非但一事无成，误了大好前程，还会葬送自己。明白了这个道理，你就不会再蛮干下去，也会逐渐变得不再偏激。

别让偏执变成争执

人的生活环境、家庭背景、认知水平以及所经历的事情不同，导致不同的人对事物的看法也不同。当这些点点滴滴的东西慢慢汇集到一个人的性格和精神里，就会变得隐晦起来，它们构成了我们的观念，成为我们偏执的源头。这种别人无法洞悉的秘密是此后我们与人发生争执的根本原因。

日常生活中，我们常常用"不撞南墙不回头"来形容偏执的人，我们的身上也不免都带点这种过于自信和死守定型的毛病。偏执是一种病，当我们浑然不知、沉浸其中时，就会养成一种病，一种与人争辩、独断专行、盲目自信的病，而那会使我们失去很多！

具有偏执心理的人一般性情多疑，易嫉妒，好争斗，容易产生偏见。他们总是特立独行，像是不合节拍的独奏。他们对他人常心存疑虑，不轻易相信，但对自己有较高的评价，始终认为自己见解独到，想法新颖。他们善于诡辩，即使有时理屈词穷，还要与人争个高下，非让对方服输不可。

刘易斯是同事们公认的非常偏执的人，每件事情他都说得有理有据，根本不考虑别人的意见，很难跟人合作，人见人怕。他自己浑然不觉，别人却非常难受。

他与别人沟通的方式就是偏执，只有偏执才能达到他的目的。他在成长的过程中没有学会更多的有效沟通方式，而是与其家庭成员中某个偏执的人相似。有很多偏执的人都出身于单亲家庭，这些人极端自恋，凡事都觉得自己正确，无论在工作上还是生活中都固执己见。

戴尔·卡耐基认为，生活中很多人就像刘易斯一样，在与人交流中固执己见，努力要说服别人，或将自己的观点强加给别人，他们完全容不得别人否定自己的观点。这种偏执行为让人难以忍受，以至于很多的谈话都变成了争执，最后以不愉快收场。

当遭到他人质疑或批评时，他们会说："你们懂什么，凭你们的

第十五章
偏执——别让坚持沦为固执

那点水准是看不出事情的本质的。"为了显示自己不是偏执，而是更有创意，他们有时还会通过贬低他人的能力甚至人格来否定其决策。更有甚者，由于害怕遭到他人的否定，于是主动出击，先去贬低别人，即使他们明明知道对方言之有理。这种情况在集体讨论中尤为突出。其实，仁者见仁、智者见智，每个人都有自己的想法，有时无所谓对错。但是，偏执的人并不这样认为。他们觉得自己的意见不被接受或采纳，就是否定自己的想法，就是不承认自己的能力。

工作上，他们会不断地为某个不可行的方案而固执己见；生活中，他们不听家人劝告，一意孤行。这势必会让他人心生不快，更会影响人际关系的和谐。有时他们会因自己的偏执而与同事交恶、与恋人分手、与友人断交、与家人失和。可以说，偏执乃是交往中的大敌。

如果不及时去除偏执的心态，迎接你的不会是你所期待的赞同和羡慕，而将是一连串的打击。你的人生之路将会重重受阻，你早晚会陷入孤立无援的境地。所以，不要再执迷不悟，放下偏执，方能拥有融洽的人际关系和成功的人生。

解读偏执心理的成因

戴尔·卡耐基认为，执迷不悟对人的影响要依赖于其主观的定义。如果你坚持的是对的，那么其正面的影响就要大些，有的时候成功与偏执只有一步之遥。但如果以此固化自己的思维，会导致前进的脚步停滞，无法创新。如果是因为自我保护而产生的偏执，将会使自己无法客观地认清事实，只是一味地逃避。我们应当用开放的心态去分析利弊，要分清好处与坏处，这样负面影响才会减轻。如果只是一味地逃避，负面影响就会增大。

在我们的周围有一种人，他们表面上看起来没有任何异常，但是如果深入交往你就会发现，在他们的头脑里有一种固定不变、无法动摇的想法，或者坚信有人暗中使坏，造成了他在很多事情上的失败；或者自视清高，相信自己的才能无人能及，只是没有被发现而已；或者总是怀疑自己的爱人在外面做了见不得人的勾当；或者始终觉得有人暗恋自己，只是碍于情面，无法说出口。这种人患上了一种偏执型精神病，偏执狂或妄想狂就属于这种病的范畴。

他们在发病之前多表现为固执己见、情绪激动、敏感多疑、自命不凡、唯我独尊等。这种偏执的思想，使他们无法清醒、正确地认识和对待自己，更不能接受他人的劝告或批评，客观地看待事情。

只要其符合下列8项中的3项即可将一个人诊断为偏执。

1．常误解他人的好意，认为别人对自己另有企图，并对其有很强的排斥心理，怀疑每个人都要加害自己，因此过于警惕和防卫。

2．无论发生什么事情，都将其解释为一场"阴谋"，而不从客观实际去分析。

3．别人稍微比他强一点，就气红了眼，嫉妒心理几近变态。

4．总觉得自己是对的，而将挫折或失败归咎于他人。

5．心胸狭窄，爱记仇，不能容忍他人对自己的伤害。

6.脱离实际地好争辩与敌对,固执地追求个人的权利或利益。

7.忽视或不相信反面证据,因而很难用说理或事实改变他的想法或观念。

8.待人傲慢,对任何人都不信任也不同情。

偏执者虽不愚钝,却常陷入某一件绝对没有好处的事情中不能自拔。不管亲友如何开导,仍固执己见,甚至还要找出诸多可笑的理由来欺骗自己、说服他人,直至受尽煎熬,方有所醒悟,但恐怕大错已铸成。

那么,偏执是怎么形成的,又有什么表现形式呢?

偏执的产生除了受先天的遗传因素影响外,主要与后天环境的养成有关。一般认为儿童时期家庭不和,父母经常吵架,子女遭受冷落,心灵受到创伤,就容易产生自我封闭和与人疏远的偏向。特别是在青春期过后,逐渐形成偏执信念,不能适应社会环境,不能正常地与人交往,给人性情古怪之感。

此外,导致偏执的原因还有以下几种:

首先,有的偏执是由于思维定式导致的。以前认识事物的习惯可能会影响后来认知事物的方式,不会因时因事而变化,这表现为人们的偏执。

其次,有的偏执是出于自我保护的心理。有时人们未必不能客观地认识事物,只是由于自我防御机制的作用,会使人坚持自己的看法。

最后,有的偏执是由认知失调引起的,还有可能是在一定个性缺陷的基础上由长期的精神紧张所引起。

自尊心过强是导致偏执形成的基础。自尊作为人的一种精神需要，是可以理解的。但有些人没有令人称赞的智慧、娴熟的技巧、崇高的品德等，只能用执拗、顶撞、攻击、无理申辩等方式来满足自己的虚荣心，使偏执在这种满足中得到发展。

起初，偏执者自命不凡，认为自己出类拔萃，继而发展到自认为是个了不起的明星，正在进行一项伟大的事业，别人若是不支持他，就是对其才能的嫉妒。偏执者的固执通常只针对一件事，与其他的事或人无关。所以，他们在处理其他事情或对待其他人时，没有明显的异常表现。

具有偏执性格者应注意改变这种性格缺陷，但如果一个人的想法完全不符合客观现实，而又无法通过摆事实、讲道理的方式帮他纠正，这就不是一般的偏执了。这时，应当考虑请精神科医生为其进行检查，看是否有其他问题。因为如果处理得不好，就会发展成偏执型精神病。

放弃执念，解脱自己

偏执在生活中并不少见，它常常造成朋友绝交、恋人分手、夫妻失和、父子反目。除此之外，现代医学研究还发现，偏执不但影响人的精神健康，而且会导致神经系统与内分泌系统的功能紊乱，

第十五章
偏执——别让坚持沦为固执

进而影响到人的正常生理代谢过程，使人体的免疫能力降低而易患上多种疾病，如神经官能症、消化道溃疡、高血压、冠心病等，并使人早衰，寿命缩减。

那么，我们如何改变偏执的心理呢？戴尔·卡耐基给出了如下建议：

1. 要克服虚荣心。人无完人，这是客观事实，谁都会有缺点和错误，这用不着掩饰。我们要以真诚的态度来对待生活，不要夸夸其谈、不懂装懂，要把精力引向事业，使虚荣心由负能量转化为正能量，从而达到心理平衡。

2. 从书籍中获得抚慰。培根说："读史使人明智,读诗使人灵秀,数学使人周密，科学使人深刻，伦理学使人庄重，逻辑修辞之学使人善辩：凡有所学，皆成性格。"因此，我们必须多读书，多读书才可以增益见闻，开拓思路，抚慰心灵，健全品格。

3. 多与个人修养好，善于应酬周旋、灵活性强的人交往。近朱者赤，多与这样的人交往有利于我们改变偏执的性格。

4. 要善于克制自己的抵触情绪及无礼的言行。犯了错误要主动承认，要善于应用幽默、自我解嘲等方法给自己找个台阶下，不要顽固地坚持自己的观点。

5. 养成善于接受新事物的习惯。偏执常和思维狭隘、不喜欢接受新事物、对未曾接触过的东西感到担心相联系。为此，我们要养成渴求新知识，乐于接触新人新事，并善于向其学习的习惯。

6. 学会用自我分析法分析自己的一些非理性的观念，以逐步消除偏执型人格障碍的异常人格特征。例如，每当对同事或领导产生敌意时，就要分析一下自己是不是陷入了"敌对心理"的漩涡之中。

7. 弄清楚自己为坚持立场而付出了怎样的代价。为了坚持某个观点，你可能会失去一个好友，或与人大吵一架，甚至大打出手，这值得吗？况且你的想法不见得正确。与其这样，还不如早早放下偏执，倾听不同的意见。

其实，每个人或多或少都会有偏执的时候，如果是他人的错误，不妨耐心地与其沟通，尝试着从另一个角度来看问题；如果是我们的错误，是由于想推卸责任而去指责别人，那我们就应该道歉。工作中，承诺去理解并尊重对方的工作模式，在此基础上，才能共同创建新的合作关系。

第十六章

羞怯——"犹抱琵琶半遮面"的婉转要不得

　　羞怯心理的存在不仅制约了我们实际水平的发挥，而且影响着我们日常工作、生活的各个方面。羞怯心理的存在会让我们在以后的生活中丧失许多良机。

你知道朋友的家就在这条街上,却记不清他家的门牌号码,而你又忘了带手机,这时你会:

A. 随便按响一户人家的门铃打听一下,说不定就碰对了或者问出来了。

B. 去公用电话亭给朋友打电话问一下。

C. 在这条街上随意逛逛,说不定就遇见朋友了。

解析:

A. 你很自信,极少受拘束,因此能把握住很多机会。

B. 你是个羞怯度中等的人,这会给你的为人处世带来一些不便,但多数情形下事情都会出现转机。

C. 你是个胆怯的人,不喜欢热闹的场合,不争强好胜,做事优柔寡断,不善交际。

第十六章
羞怯——"犹抱琵琶半遮面"的婉转要不得

羞怯心理的种类和成因

羞怯是逃避行为的一种最常见的形式，其表现是多种多样的。譬如，面对陌生人会面红耳赤，不敢抬头，说话时词不达意，声音颤抖；不敢和陌生人主动打招呼；在重大场合讲话结结巴巴，虚汗直冒，心里发慌；过度地关注别人对自己的看法，总是担心自己的表现不够好；无法迅速适应新环境，在聚会时常常躲在角落里。此外，羞怯的人不善于交际，朋友很少，常感到孤独，且因不能与人融洽相处或充分发挥自己的才干而烦恼；不善于在各种不同场合对事物坦率地发表个人意见或评论，因此不能有效地与他人交换意见，给人拘谨、呆板的感觉；有很强的自卑心理，常感到自己不如他人优秀。这些都是羞怯心理在人们身上的表现。

羞怯心理主要分为以下4种：

1. 自卑性羞怯。这种人往往用悲观的心态看事情，总认为自己不顺心，他人能轻而易举做成的事，自己却总要费一番周折。因而不愿与人交往，尤其不愿与那些优秀的人交往，唯恐人家瞧不起自己。

2. 敏感性羞怯。有的人在人多的时候就会不自觉地紧张起来，觉得别人都在注意自己、挑剔自己，以至于无法安心做事。

3. 挫折性羞怯。这种羞怯有两种表现形式：一种是反射性羞怯，这种人一般遭受过他人的轻视、冷落；另一种是演化性羞怯，如有的人在和陌生人交往中曾碰到过尴尬的情况，以后与所有陌生人打交道就都会紧张。

4. 习惯性羞怯。这种羞怯是指由孩提时代的羞怯形成的习惯。

羞怯心理的存在不仅制约了我们实际水平的发挥，而且影响着我们日常工作、生活的各个方面。羞怯心理的存在会让我们在以后的生活中丧失许多良机。那么，这一心理是如何形成的呢？

据心理学家研究，羞怯心理的产生与儿时缺乏父母的爱抚或鲜与外界接触有密切的关系。具体来讲有三点：

第一，家庭环境不好会给孩子造成很多心理障碍。有些家长不鼓励自己的孩子和同龄的孩子玩耍或是周围没有同龄的儿童，有的父母本身存在负面情绪，对孩子频繁责骂，或夫妻离异，给孩子造成了一定的伤害，使之失去依靠，没有安全感。这些都会让孩子在小伙伴中抬不起头来，久而久之就形成了羞怯心理。

第二，有些羞怯的人在孩提时代并不羞怯，只是进入学校以后，由于学习、身体等方面的原因，受到来自学校和家庭的压力，加之自己十分在意别人的看法与评价，久而久之才变得羞怯。例如，在学校里常遭到老师的批评，于是总觉得自己不如别人，害怕与人相处，用一种退缩的方式来保护自己受伤的心灵。

第三，很多重大的事件也会给孩子造成沉重的打击。例如，受人欺负、被人打骂、被人耻笑，造成自尊心受损，都可能使其变得易于羞怯。

第十六章
羞怯——"犹抱琵琶半遮面"的婉转要不得

此外，还有人认为，羞怯心理也受到遗传基因的影响。据科学研究表明，约有 15% 的婴儿刚出生时就带有一种"羞怯气质"，这意味着他们会对新的生活体验产生压力反应。如果一对同卵双胞胎里的其中一个是羞怯的，那么另一个也往往是羞怯的。但美国学家乔纳森·奇克同时指出，这并不意味着羞怯是天生预定而不能被后天克服的，仅仅是一些人天生比别人更容易羞怯而已。

在日常生活中，过分怕羞不利于人们的工作、学习和人际交往。这是因为有羞怯心理的人总是过多地约束自己，而难与人建立亲密的关系，并且因怕羞而怯懦、胆小和意志薄弱。每个人都有羞怯的时候，偶尔的羞怯在所难免，但若在社交中经常为羞怯的心理所笼罩，就需要有意识地加以克服了。

战胜羞怯的方法

很多人认为，羞怯只是儿童和少年的问题，待到他们成年后就会逐渐变得大方起来。但斯坦福大学心理学家菲利浦·詹帕多经过 20 年的研究，调查了 10000 人后惊奇地发现，大约有 40% 的成年人承认自己有羞怯心理。

在以色列有 1/3 的青年人表现出羞怯，而在日本，羞怯的青年人达到了 2/3。为什么日本作为一个经济强国，青年人还会普遍羞怯呢？心理学家认为，这是因为他们从小就接受了一种"羞怯教育"，即受到许多清规戒律的束缚，如不许给自己的家族丢脸等。因此，日本的青年人变得谨小慎微，害怕失败，不敢承担风险，不敢大胆地发表自己的看法。与此相反，以色列的青年人很少由于失败而受到责备，并且常常由于成功而受到高度赞扬，于是他们变得越来越自信，越来越爱冒险。

对羞怯也许并无良药可以根除，但我们还是可以找到一些方法来战胜羞怯，扫除这一横亘在通往个人幸福之路上的障碍。

1．改变你的身体语言。羞怯者总是不由自主地给人一种冷淡和回避的印象，而实际上他们内心深感胆怯与孤独，渴望与人交流，但人们因为其表现出来的冷淡而无法接收到这些信息，便回应以远离和同样的冷傲不屑，从而令害羞的人越发感到慌张和难堪。

戴尔·卡耐基认为，人们只需改变一下身体语言便可使你的处境大为改观。微笑、握手、点头等都能让人感到热情友好，易于接近。其中，最具魅力的是微笑。微笑是友善的表示、自信的象征，微笑可以使你摆脱窘境，可以缩短人与人之间的感情距离，可以化解朋友间的误会，还可以使你减少羞怯的感觉。

2．增加曝光度。克服羞怯心理最可行的一点，就是长期有意识地去找寻各种机会发表言论，与人沟通。只有通过在各种场合下与众多熟悉和不熟悉的人进行对话交流，才能慢慢地消除羞怯心理。

3．要有自信心。羞怯的根源在于看不到自己的优点，总认为自己无能，害怕不能给别人留下好印象。实际上，任何人都不应为自己的短处而紧张，恰恰相反，应经常想到自己的长处，要深信"天

第十六章
羞怯——"犹抱琵琶半遮面"的婉转要不得

生我材必有用"。只有树立自信心，才能消除来源于羞涩的社交恐惧症。充满信心的你，一定会在社交这个广阔的舞台上，尽情展现自己的非凡魅力。

4.不要对别人的议论太敏感、太介意。有些人最怕听到别人否定的评价，因此在人际交往中畏首畏尾。这样越怕越羞，越羞越怕，最终形成恶性循环。其实，"哪个人后无人说"，被人评论是正常的事，不必过分看重。有时，否定的评价还有可能成为前进的动力呢！

5.接纳羞怯。有些事情你越是想逃避、想改善，就越是事与愿违。羞怯也是如此。与其这样，倒不如坦然地接纳它，这样反而有助于使自己放松下来，克服羞怯心理。

6.学会同各种各样的人打交道，在关键时刻表现自己。要多参加文体活动，扩大人际交往的圈子，遇到聚会、联谊时要善于寻找时机与周围的人攀谈，关键时刻要勇于表现自己，如主持会议、晚会、演讲会等，让那些不了解你甚至小看你的人刮目相看。

7.涉猎广泛，增长见识。有时你的羞怯不完全是由于过分紧张，而是由于你的知识面过于狭窄，或对当前发生的事情所知甚少。所以，建议你经常读书看报，开阔视野，丰富阅历，这将会有力地帮助你树立自信，克服羞怯。

8.多争取锻炼机会。针对自己怕羞胆怯的心理，可以有计划地采取一些训练方法。例如，在大庭广众之下，全神贯注地做自己的事；多结交个性开朗、外向的朋友，学习他们泰然自若的风度举止。当你感到不安时，可以不断地给自己积极的暗示："没什么可怕的。"这种方法对于克服羞怯也十分有效。

总之，克服羞怯不是一朝一夕能实现的目标，你必须循序渐进地训练自己，慢慢从羞怯中走出来。若是急于求成，难免会弄巧成拙，适得其反。

抛开羞怯，走向阳光

乔纳斯出生在波士顿的一个贫民窟里，恶劣的环境让他害怕并讨厌周围的一切。从记事起，流浪汉、酗酒斗殴者和吸毒者的影踪就不时闯入他的视野或浮现在他的脑海里。为了逃离这种环境，乔纳斯把自己锁在简陋的房间内发奋学习。18岁那年，他以优异的成绩考入哈佛大学。

环境的改变并没有消除乔纳斯的恐惧感，他总感觉有人在虎视眈眈地注视着自己。他害怕与人交往，害怕接触新鲜事物，甚至害怕别人的目光。当他被恐惧情绪折磨得痛苦不堪时，心理学教授艾萨克·辛格帮助他走出了困境。

艾萨克·辛格教授有意识地消除乔纳斯紧张的内心感受，帮助他不再沉溺于对可怕经历的回忆中。慢慢地，乔纳斯可以坦然面对周围的事物，甚至可以主动与他人接触了。乔纳斯变了，克服恐惧后的他找到了正确的自我。

很多人都像乔纳斯一样，对社交充满恐惧，他们对暴露在陌生人面前或可能被人注视的社交场合有持续、显著的畏惧，并严重地

第十六章
羞怯——"犹抱琵琶半遮面"的婉转要不得

影响到自己的日常生活。社交是每个人不可避免的事情之一，如果害怕见到陌生人或与他人谈话时总是感到紧张甚至惶恐不安，那你便极有可能被竞争激烈的社会所淘汰。由此可见，社交障碍对一个人产生的负面影响十分重大。

事实上，很多人之所以太过害羞、不敢当众讲话，是害怕可能遭遇的失败成为别人的笑柄，还可能被人瞧不起。有的时候，我们当众摔了一跤最先想到的不是疼痛，而是害怕因此失去尊严。

如果你害怕见到陌生人，与人谈话时常会感到脸红心跳、紧张惶恐、手心出汗、语无伦次等，从现在起，你就要有意识地接触周围的人，融入周围的社交环境。只有这样，你未来的人生道路才会越走越宽。如果你想有所作为，就必须抛开羞怯，远离社交恐惧，以免让自己在前行的道路上受阻。

戴尔·卡耐基认为，对于社交感到羞怯的人，其典型的特征就是缺乏自信，如果你在心底反复告诉自己"我很棒""没问题"，就会发现自己有理由、有能力与人很好地交往。我们必须以一种积极的心态应对羞怯，以挑战自我的方式增强与人交往的信心，这样才能勇敢地走出阴霾、走向阳光。

勇敢一点，便不会留下遗憾

羞怯的人常将自己的情感埋藏在心底，他们固守着这份单相思，终日幻想着有那么一天，能和心爱的人一起白头偕老。尽管他们的内心激流澎湃，表面上却波澜不惊。他们很少对人说起自己的感情，即使是最要好的朋友。

由于害怕遭到拒绝，他们不会向暗恋的对象表白，而是默默等待着两情相悦、互诉衷肠的那一天。只可惜，偏偏天不遂人愿，在他们静守着这份美丽时，对方却在毫不知情的情况下选择了别人。

在西方哲学史上，尼采是一个声名赫赫的人物。他学识出众，25岁时就当上了古典语言学教授。1866年夏季，还在莱比锡大学读书的尼采，爱上了一位名叫拉贝的女演员。当时，尼采给她寄去了自己谱写的一首歌，并附上狂热的献辞，还悄悄为她写了许多情诗。不过，因为羞怯，这位大学生能做的也就仅此而已。这就是他的初恋，完全是一场毫无结果的单相思。

到了1876年，尼采已经成为瑞士巴塞尔大学的语言学教授。这时，一位名叫玛蒂尔德的荷兰少女令他心生爱慕。尼采曾向对方送出过一封求爱信，但被婉言拒绝，小小的打击便让尼采彻底丧失了勇气，最终还是因为羞怯放弃了这位姑娘。

1882年，尼采的朋友给他推荐了一个女学生，名叫莎乐美。两个人接触不久，尼采便被这个极其聪慧又富有活力的俄国少女吸引住。他再一次坠入情网，但莎乐美能否接受他的爱还不太明确。尼采多次想要向她表白，可是因为羞怯，他居然不敢直接面对莎乐美，而是委托一位朋友去帮自己求爱。不料，这位朋友也爱上了莎乐美，

第十六章
羞怯——"犹抱琵琶半遮面"的婉转要不得

最终尼采无奈退出。

在极度的孤寂中,尼采曾经一次次地发出绝望的悲叹:"我期望一个人,我寻找一个人,我找到的却始终是我自己,而我不再期待我自己了!""现在再没有人爱我了,我如何还能爱这生命!""在那种突然疯狂的时刻,寂寞的人想要拥抱随便哪个人!""如今我孤单极了,不可思议地孤单……长年累月没有振奋人心的事,没有一丝人间气息,没有一丁点儿爱。"

一次次感情的失败严重地摧残了尼采的身心。一位老朋友曾这样描述他:"这段时间里,他发生了很大的变化!不复有从前骄傲的举止,灵巧的步伐,流畅的言辞,他行动艰难,步态蹒跚。身体略微向一边倾斜,说话明显变得迟钝,时常停顿。"

1889年,长期独居的尼采整个人精神已经濒临崩溃,他几乎失去了理智。不久,他患上了严重的精神病,从此他的神智就再也没有恢复正常,直至1900年8月25日在魏玛与世长辞。正是羞怯把他送上了人生的漫漫孤旅,又是羞怯葬送了他一生的幸福。

爱而不敢言爱的人有很多。他们在遇到自己认为比较理想的异性时,虽然内心非常愿意接近对方,但又时常担心对方看不起自己,怕被拒绝,碍于面子不敢表白,以至于最终丧失得到幸福的可能,造成终生的遗憾。

而爱情本来就是通过追求才能得到的东西。只要有一线希望,都应该不失时机地勇敢地追求、争取。只有这样,才能增加成功的概率，减少遗憾的发生。

戴尔·卡耐基认为，许多人恋爱中的羞怯心理多是因为自身存在的"缺陷"或"不足"造成的。例如，认为自己的相貌、身材不如他人，自己的家庭出身、社会地位、经济条件低人一等。难道仅凭这些就决定了你的爱情吗？倘若一个人以物质的多寡、社会地位的高低、职权的大小来选择自己的另一半的话，他（她）所要的是功名利禄，而不是你及你对他（她）的感情。这样的人并不值得你爱。爱情应该是纯洁的，不应包含任何杂质。

每个人都有爱的权利，人们不会因为你心中有爱而嘲笑你，大胆地表露自己，积极地追求自己的幸福，你才有可能拥有幸福。

第十七章
空虚——吞噬心灵的一剂毒药

戴尔·卡耐基认为,每天机械地重复着昨日的事情,生活就没有新鲜感,久而久之,空虚就会侵上心头,即使在最忙碌的时候,也会感觉不到做事的快乐。

人们大都有过空虚感，你是否也有呢？下面的自我鉴定题就能检验你目前的生活及精神状态，看你是否过得充实。凡符合自己情况的回答"是"，反之回答"否"，每答一个"否"得1分，答"是"得0分。

1. 和友人疏于往来。
2. 兴趣不多，基本上没有。
3. 对公司领导和同事有偏见。
4. 常与家人发生口角。
5. 虽然生活过得不错，却高兴不起来。
6. 常常一有钱便购买想要的东西。
7. 总觉得各方面有很多不如意的地方。
8. 对将来很悲观。
9. 常想换一种生活环境。
10. 不大希望受到别人的重视。

解析：

得分为9～10分，说明你的生活充实度很高；

得分为7～8分，说明你的生活充实度较高；

得分为5～6分，说明你生活的充实度一般；

得分为3～4分，说明你的生活比较空虚；

得分为2分以下，说明你的生活非常空虚。

第十七章
空虚——吞噬心灵的一剂毒药

正确认识内心的空虚

空虚是一种内心体验，但这种感觉只能意会，不能言传，只有空虚者自己才能真切地体会到，他人无法理解。空虚的人不太容易与他人交流和沟通，如果自己不努力改变的话，只会越来越紧地被空虚所包围。

时下，有些人终日无所事事，干什么都提不起精神。他们在与人闲聊时常这样说："算了，就这样，没啥干头了。""干什么都不顺心，就这么混吧，还能做什么呢？""唉，人老了，不中用了，脑子空空一片。"……

还有一些年轻人，尤其是学生，他们吃穿不愁，却时常觉得生活烦闷单调。他们往往在周末或独自一人时会产生一种无名的彷徨和孤独感，不知道自己想要干什么，虽然想通过参加聚会、看电影、玩游戏等活动来摆脱这种感受，但心里仍怅然若失，寂寞空虚。这是怎么一回事呢？

心理学家分析，这些都是内心空虚的表现。被空虚侵袭的人，无一例外地是那些对理想和前途失去信心，对生命的意义没有正确认识的人。他们不思进取、无所事事，对一切都很冷淡、提不起兴趣。于是，为了摆脱这种心理上的空虚，一些人就会去寻求刺激，他们或者抽烟喝酒、打架斗殴，或者漫无目的地游荡、闲逛，或者耽于某种游戏，个别的还会走上犯罪的道路。空虚让人的心灵花园日益荒芜，百害而无一利。

人为什么会空虚呢？其中的原因比较多，或是物质条件优越，无须为生活烦恼和忙碌，习惯并满足于享受，看不到也不愿看到人生的真实意义，没有也不想有积极的生活目的；或由于自身能力与实际环境缺乏融合性，陷入"志大才疏"或"虎落平川"的窘境中，因而感到无奈、沮丧、空虚；或是对社会现实和人生价值存在偏见，当与他人发生冲突时，过分地讲求个人得失，一旦个人要求得不到满足，就会愤世嫉俗，万念俱灰；或是因退休、下岗、失恋、工作挫折、投资失误、经济拮据等导致失落、困惑、萎靡不振。

另外，生活比较单调也是导致空虚的原因。戴尔·卡耐基认为，每天机械地重复着昨日的事情，生活就没有新鲜感，久而久之，空虚就会侵上心头，即使在最忙碌的时候，也感觉不到做事的快乐。

了解了空虚的成因，会使许多正在承受空虚的人减轻心理负担和压力，认识到这只是成长过程中的必经之路，而并非心理"变态"或心理有问题。

空虚并非坏事，你可以利用这个机会充实自己，弥补自己所欠缺的，或是认真读书，增长学识；或是广泛交友，寻觅知己；或是努力工作，实现抱负；或是培养兴趣，丰富生活。

总之，一个人要能正确认识内心的空虚，并积极地应对，就一定能战胜挫折，充实自我，摆脱空虚，迎来美好的明天。

第十七章
空虚——吞噬心灵的一剂毒药

再忙也无法弥补内心的空虚感

现在的闲人似乎很少，忙人似乎很多，人们为了生存而忙、为了事业而忙、为了爱情而忙。按理说，人们应该因为忙而感到充实才对，但是很多人却觉得生活好像没有什么重心，内心常觉得空洞无聊，即使再忙也无法填补这种空虚感。

有个女孩每天都将自己的生活安排得极为"充实"：白天上班，晚上去学习外语，每天忙到深夜才能入睡。当朋友夸她很上进时，她竟然感叹道："我也是迫于无奈。你不知道，完全让自己闲下来没事做是一种很可怕的空虚。"

朋友十分惊讶，问道："忙惯了的人，有时间可以空闲下来，不是一种享受吗？"

她说："根本不是享受，是恐怖。最可怕的是，有时间可以胡思乱想。想到高兴的事还好，如果想到不愉快的事，就有种想哭的感觉。而且常觉得生活无聊，心里总像少了一样东西。即使努力打拼、刻苦学习，也不能消除这种空虚感。忙碌的生活过久了，偶尔也会想，如果可以摆脱掉工作，该有多好！可是，当真正找到这样的时间，反而会因为害怕空虚、孤独而早日回到忙碌的环境中去。"

这是一种令人战栗的生活状态，它会使你的人生在一个固定的轨道中不停地循环往复。既忙碌又空虚的人不明白自己为何忙碌，时常感到人生的无趣，他们虽然看似充实，内心却一片空白，生活宛如一潭死水，没有生气。这种虚无的感觉会让我们原本幸福快乐的生活变得乏味，让富有挑战性的工作变得平淡。

你是不是经常有这样的感觉：虽然忙碌，但一点也不充实。很多时候我们并没有把"忙"的真正定义搞清楚。忙是什么呢？忙应该是一种在特定的时间段朝着特定的目标不断努力的生存状态。忙碌可以使我们把日子过得有滋有味，让我们回忆起来觉得自己对得起时间，对得起人生。如果你只是为了不闲着而去忙，那么你只能两手空空地走到时光的尽头。

戴尔·卡耐基认为，人之所以在忙碌中还能感到空虚的存在，是因为不能清醒地认识自己，无法真正了解自己的需要，缺乏明确的人生规划。他们在面对专业学习、职业生涯的多重选择时，常是盲目或盲从的。他们虽然终日忙碌，却不知自己追求的是什么。或是有理想，但因难以实现，只好放纵自己，让自己随波逐流。当然，有些人胸怀大志，但在实现所愿之后，也会有空虚感。这是因为他们在达到目标后，没有继续给自己订立新的规划，以至于再次迷失自己，陷入无所事事的状态中。

一个人只有明确了前进的方向，才能有精神归宿和寄托，有思想的支架，有奋斗的根基。因此，每个人都应该给自己订立切实可行的计划，较高的理想和信仰亦会将人带入一种较高的思想境界，

第十七章
空虚——吞噬心灵的一剂毒药

使其一生多姿多彩。

此外，你也可以用各种方式解脱空虚的困扰。在忙碌之余，滋润一下自己干涸的心灵，看书、听音乐、和友人共赏良辰美景，这些都会使你的心灵洗去肮脏的尘埃和欲念，归于自然的纯净和轻松。

"忙"没关系，不"烦"就好；"忙"不是问题，"烦"就变成了苦恼。面对许多的事情，如果你只管处理而不关心它的利害得失，就不会有烦恼了。其实，独处是每个人必须去面对的，我们要学会和孤独空虚的感觉对抗。

内心充实才能快乐

生活中总有一些人每天按部就班地工作、生活，可内心总觉得怅然若失，不知自己为何工作、为何生活。他们做事做不踏实，玩也玩不痛快，感觉什么都无聊，什么都没意思。这种内心空虚的人在现实生活中随处可见。

但是，我们不能在空虚中度过一生，要找到解决的方法才行。要想让生活过得充实而快乐，就要从以下几点入手：

1. 及时调整目标。导致人产生空虚感的原因无外乎两种：一是胸无大志；二是好高骛远，目标不切实际，在竞争中失败后便气馁、消沉，从雄心勃勃走向另一个极端，感到生活无味，失落感、空虚感亦油然而生。因此，摆脱空虚必须根据自身的实际水平和能力及时调整生活目标，从而调动自己的潜力，充实生活内容。

2. 多结交好朋友。朋友能给你心灵的慰藉，让你在痛苦失意时得到理解和支持。拥有了珍贵的友谊，生活就会随之丰富起来，就不会感到空虚和寂寞。

3. 博览群书。书能够提升人的精神境界，净化人的灵魂，而这都是对空虚的一种补养。读书能使空虚者从狭窄的经验天地奔向无限浩瀚的知识海洋，从中获得智慧、汲取力量，从而情绪高涨、精神饱满、心灵充实。

4. 培养对生活的热情。生活是美好的，就看你对它的态度如何。你可以在自然中陶冶情操，也可以帮助他人，从他人的感谢中得到欢愉。当你用有意义的事去培养自己对生活的热情，去填补生活中的空白时，你哪还有心情和闲暇去空虚呢？

5. 积极提高自己的心理素质。面对同样的窘境，由于心理素质不同，有的人会灰心丧气，止步不前，轻易为空虚所困扰；有的人却能直面困难，奋勇前进，哪怕历经重重险阻也毫不畏缩，始终愉快充实。因此，我们要有意识地加强自我心理素质的训练。

6. 多参加文体和社会活动。多参加运动会、演讲比赛、素质拓展、社会实践等活动，不仅可以培养团体精神、竞争意识、交际技巧和责任感，还可以满足自身的精神需求，丰富课余生活，消除空虚感。

7. 改变懒散的习惯。懒散与空虚只有一线之隔。因为懒散，人也就不想有所追求，就会无所事事，就会胡思乱想，或者设法寻求

第十七章
空虚——吞噬心灵的一剂毒药

消极的刺激，结果就会慢慢变得空虚起来。因此，只有在生活中逐渐养成勤劳的习惯，在劳作中忘却不必要的烦恼，消除不切实际的幻想，从中获得乐趣，心灵才会感到充实。

我们每个人都想成就一番辉煌的事业，在某一方面独占鳌头，想必没有人会甘愿平平庸庸地过一辈子。但我们在现实面前总是不堪一击，往往没走多远，就会狠狠地摔个跟头。这时，我们会开始怀疑自己当初的选择。于是，我们困惑，不知所措，放弃了曾经的憧憬。最终，我们依然过着平庸的生活。

戴尔·卡耐基说："生活中最悲惨的事莫过于一些雄心勃勃的人原本满怀希望地出发，却在半路停了下来。他们满足于现有的生活，漫无目的、毫无所求地虚度余生。"一个真正想有所作为的人，是不会在任何困难面前屈服的，他们永远都充满了对工作和生活的热情。对于这样的人来说，日子每天都充满了挑战和乐趣，而且被演绎得丰富且充实。

把握我们有限的一生

空虚的人因为没有生活的目标，所以终日虚掷光阴，无所事事。他们觉得自己的生命像尘土一样没有光辉，没有价值。时间对他们来讲过于漫长，他们用娱乐、睡觉，甚至忙碌来打发无聊的日子，毫不珍惜，毫不留恋。

人不要总活在空虚里，因为压力所迫、环境变化或是某些人力所不能掌控的因素，人会受挫、失意、沮丧，从而产生空虚感，这是可以理解的。但是，你不能就此放弃，不能因此对人生和未来彻底失去信心，让自己一直这么空虚下去。毕竟人生短暂，来日无多，短暂的生命经不起浪费，要做的事情数不胜数。

26 岁的丽莎已经是 3 个孩子的母亲，随着孩子一个接一个地呱呱坠地，丽莎纤细的手指也开始变得粗糙。

儿时的丽莎就有一个美丽的梦想——做一名钢琴教师。当手指在黑白琴键间轻快地飞舞时，丽莎就会忘记自己是谁，身处何方，周身充满着轻松和欢愉。丽莎这种快乐的体验终结在 21 岁那年。那时，她与一个小伙子疯狂恋爱，并且迅速结为夫妻。随着大女儿的降临，年纪轻轻的丽莎彻底告别了心爱的钢琴，过着洗尿布、带孩子的主妇生活。

孩子并没有为丽莎带来做母亲的快乐，反而使她一度陷入空虚与迷茫，并开始讨厌生活、讨厌丈夫，甚至曾有过几次轻生的念头。丽莎的丈夫意识到这种危险的状况，急忙将丽莎带到医院就诊。心理医生对丽莎说："了解你的生活之后，我知道你的心中依然存有钢琴情结。既然如此，你为何不让自己的人生更加有意义？"

听了医生的话，丽莎将老大、老二送进了幼儿园，并为最小的孩子找了一位保姆。她每天勤奋地练习钢琴，终于有一天，一位妇人聘请她做私人钢琴教师。从此以后，丽莎仿佛变了一个人似的，

第十七章
空虚——吞噬心灵的一剂毒药

白天为学生教授钢琴,晚上回家陪伴三个孩子尽情玩耍。

丈夫对丽莎的改变感到既惊喜又欣慰,丽莎深情地对丈夫和孩子说:"感谢上天,我又找回了生活的意义。"

虚掷光阴,就是在消耗自己。内心空虚,就会使生命变成空白。对待时间的态度就是对待人生的态度。珍惜时间就是珍惜生命,经营时间就是经营生命。

戴尔·卡耐基说:"在伟大的世界里,造物主为每个人都准备了美满的人生,我们应该下定决心,集中精力,去努力争取。"人活一世,总要有些作为,不要浑浑噩噩地度日。而要实现自身价值,首先就要好好把握我们有限的生命,做自己想做的事,才不至于碌碌无为。

第十八章

贪婪——人往往不是饿死的而是撑死的

俗话说："人吃五谷杂粮，都有七情六欲。"无可否认，拥有正当合理的欲望是人之常情，也是人们上进的动力。但是，若将欲望变成贪欲，人就会像被下了一剂迷魂药一般，为了满足自己的贪欲而不择手段。

有甲、乙两位商人，都卖同一种商品。甲要价10元，不还价。乙要价20元，但特价销售，10元可买走。你会买谁的东西呢？

解析：

买甲的商品的人出手大方，不爱与人争辩，有时为了省事，哪怕花多点钱也觉得值得。选择买乙的商品的人有爱占小便宜的心理，他们买东西后常感到后悔，认为还是被对方所迷惑了。

… 第十八章
贪婪——人往往不是饿死的而是撑死的

贪欲是一剂"迷魂药"

俗话说:"人吃五谷杂粮,都有七情六欲。"无可否认,拥有正当合理的欲望是人之常情,也是人们上进的动力。但是,若将欲望变成贪欲,人就会像被下了一剂迷魂药一般,为了满足自己的贪欲而不择手段。

有一位做黄金生意的商人十分信任自己的管家,每次出门做生意,都会把保险柜的钥匙交给管家,管家刚开始时一直都尽忠职守,但是当他看到商人家的金条越来越多时,就开始有些动心,觉得既然保险柜中有那么多金条,自己取出一根来用也无妨,而且也不会被发现。于是,管家大胆地偷了一根金条。

虽然少了这一根金条根本不会被人发现,但是他的心里还是非常紧张,有一种做贼心虚的感觉,当天晚上无论如何也睡不好觉。第二天,当他再次打开保险柜时,又被里面的金条诱惑住了,于是他再次偷出一根金条。事后,他虽然觉得心里不安,却无法控制住自己的欲望,越拿越多。

一个月之后,管家竟然偷出 100 多根金条。与日俱增的恐惧影响了他的正常生活,他吃不下饭也睡不着觉。因为担心商人回家之后事情败露,他一天比一天紧张,甚至经常做噩梦,身体每况愈下,结果等到商人回到家时,管家已经在惶恐中死去。

戴尔·卡耐基认为,有贪欲的人表现出来的就是不知足,不知足则心不能安,心不能安必定就要妄取,妄取者多会迷失心性,这样就很容易招来祸患。而且贪欲如果不加以控制,往往会越来越大,野心也越来越大,当贪欲膨胀到无法控制的地步,自己也就在无形中被束缚起来,这种情况下常常会身不由己。

古人云:"贪如火,不遏则燎原;欲如水,不遏则滔天。"一个人存在某些合理的欲望是正常的,但如果贪欲过多,就会乱了方寸。贪欲过多,心术就不正,就会不择手段,不顾后果,就会违背原则、道德、法律,最终不可避免地走向堕落和毁灭的深渊,不但会葬送自己的前途乃至性命,甚至还会祸国殃民。

例如,有不少高官人在其位而不谋其政,反而利用职务之便谋取私利。他们或是相互勾结,贪污公款;或是拿人钱财,为人开路;或官商勾结,捞取钱财;或利用不正当手段骗取高额贷款,用于炒地皮、炒房产、炒股票从中牟取暴利;等等。在贪欲这剂"迷魂药"的刺激下,他们的心变野了,胆变大了,只要是能从中获利的事,没有他们不敢干的。他们的手段也由笨拙到高明,贪污的数额也从小到大,从量变到质变。他们就这样在贪欲的唆使下,一步一步地滑向罪恶的深渊,直至锒铛入狱,自毁前程,落得个身败名裂的可悲下场。

贪欲是邪恶之源,人若不遏制贪欲,任其发展,就会鬼迷心窍,走火入魔,信念动摇,理想缺位,道德滑坡,人生观、价值观严重扭曲。人生不少烦恼,皆由一个"贪"字引起,人间诸多祸患,也

第十八章
贪婪——人往往不是饿死的而是撑死的

都是由一个"贪"字招致。"利"字旁边是把刀,"色"字头上也是刀,贪恋金钱美色,最终要撞在刀口上。

给贪婪的心加上一把锁

戴尔·卡耐基认为,贪婪的人有四大特点:一是自己的利益高于一切;二是即使拥有整个世界也不会满足;三是将自己得来的东西看作理所应得的,且永远嫌少;四是除了最佳利益之外,其余皆能妥协。

有一对即将步入婚姻殿堂的恋人购买彩票时获得了七万五千美元的奖金。面对天上掉下的"大馅饼",两人高兴地大喊大叫、相互拥抱。

谁知,原本是一件好事,但两人却因为钱财的分割问题闹翻了,因为他们两个都想独吞这笔意外之财。

未婚妻认为彩票中奖时是在自己手里的,所以理应归自己所有。而未婚夫则愤愤地说:"那张彩票是我买的,只是后来被她装进了皮包内,因为她毕竟是我的未婚妻,我也就不好多说什么。可我无论如何也想不到她居然是这么无理的女人,还好意思说彩票是她的!"公堂之上"战火"弥漫,这对未婚夫妻"公说公有理,婆说婆有理",法官一时之间很难定夺。

最后，法官宣布：在确定彩票归属之前，彩票发行单位暂时不能发放这笔奖金。而这对原本马上要步入婚姻殿堂的恋人，却因为一张彩票反目成仇，最终取消了婚礼。

既然贪婪是祸端，就应尽快将其铲除，最好的办法是不要让贪欲萌生。否则，就像把魔鬼从"潘多拉魔盒"里放出来一样，要想再次把它"装进去"就非易事了。贪欲一旦爆发，便如疯长的野草，难以除尽。为此，我们要为贪婪的心牢牢地上一把锁。

要"锁住"贪欲，就要达到一种超凡脱俗的境界，将富贵荣华、金钱名利视为过眼烟云，摆脱名利的诱惑和羁绊。只有这样，才能去掉贪欲，即使身处权势、金钱、富贵、名利圈中也能洁身自好，不会生"贪婪"之心。

常思洪水肆虐之害，方能筑牢堤坝；常思贪欲之害，才能筑起思想防线。只有修炼自己的良好心态，才能真正做到自律、自重、自省、自警、自励，面对种种诱惑，心不为其所动，志不为其所丧，堂堂正正做人，踏踏实实做事，活得清清白白、快快乐乐。

正确看待财富

戴尔·卡耐基说："私有财产、财富的积累法则、竞争法则，所有这些都是人类经历的最高结果，是迄今为止社会结出最佳果实的

第十八章
贪婪——人往往不是饿死的而是撑死的

土壤。"拥有更多的财富，是许多人的奋斗目标。财富的多寡，也成为衡量一个人才干和价值的尺度。当一个人被列入世界财富排行榜时，会引起多少人的羡慕。然而，对有些人而言，即使积累再多的财富，也只是一个符号，因为他们吝啬到自己很少享用这些财富。

富豪陈德深是中国台湾地区缴纳遗产税最高的人，他留下了巨额遗产，为此缴纳的税款达19亿台币。但就是这些遗产，令他的同胞兄弟你争我夺，矛盾重重。陈德深生前并未娶妻生子，在生活中极其吝啬，上班都是乘公共汽车，没有一幢属于自己的房子。而且据他姐姐说，陈德深的内衣穿破了都舍不得换新的，平时开支更是节省得很。

看到这里，有人会问：钱究竟是用来干什么的？是为了吃饱、穿好、娶妻生子，还是为了有一个舒适的居所呢？

如果把人生比作一趟远行，那么财富就是我们的粮食，不可以没有，也不用过多。没有，会令我们饥饿难耐；过多，则会耽误我们的行程，而且还可能给我们带来危险。所以，我们取财要有度，适可而止为好。

世界级的时装大师范思哲拥有令人咋舌的财富，光是他收藏的名画和古董家具就价值连城。但他除了能亲眼看见这些财富外，还能得到什么呢？一起谜团重重的枪杀案使他的财富立刻为他人所有。后来，他的收藏品被拿到拍卖会上去拍卖，所得的钱据说都要捐给慈善机构。这当然是件好事,但范思哲自然不会因此被人称颂,因为他的财富是别人替他用在了该用的地方。

培根说:"不要追求显赫的财富,而应追求你可以合法获得的财富,清醒地使用财富,愉快地施予财富,心怀满足地离开财富。"这段话值得我们深思。

该放手时就放手

沙漠里有一株因干旱而濒于死亡的巨型仙人掌,一次天降大雨,它将自己的根拼命地向四周伸展,贪婪地吸收生命的甘露,似乎要将沙漠里积存的水分全部吸入自己的体内。一会儿,仙人掌在雨水的滋润下迅速膨胀,在极短的时间里便挺立成沙漠里的"巨人"。但是,就在仙人掌刚想舒展身姿时,它仿佛突然失去了根基,一下子栽倒在地。这不是因为沙漠松软的沙粒,也不是因为风雨太大,而是因为吸收了过多水分使它的生命不堪重负,它那还没来得及舒展的根须无法承载极度膨胀的躯体。

仙人掌因不肯放手而不堪重负,现实生活中的人又何尝不是如此呢?因为放不下到手的职务、待遇,有些人终日东奔西走,忙于应酬,却将自己的才华逐渐淹没;因为放不下诱人的钱财,有些人费尽心思,想趁机大捞一把,结果聪明反被聪明误,步入歧途,走

第十八章
贪婪——人往往不是饿死的而是撑死的

上了不归路；因为放不下对权力的占有欲，有些人热衷于溜须拍马、行贿受贿，不惜丢掉人格尊严。

生活是不会累人的，累人的是我们的心，确切地说，过多的欲望和贪念让我们在追求的路上疲惫不堪。人生有太多的诱惑，不懂得放弃便只能在诱惑的旋涡中丧生；人生有太多的欲求，不懂得放弃就只能任欲求牵着我们的鼻子走；人生有太多的无奈，不懂得放弃就只能与忧愁相伴。

当我们被诸多的欲望压弯了腰时，是否想过应该放弃些什么，从而让自己活得更轻松些？也许有人要说："我已经追求了这么久怎么能放弃？况且，放弃了，我就会一无所有。"放弃就是一种割舍，自然会带来一些疼痛。但那又何妨？我们来到世间时本来就是赤条条的，而财物也是生不带来，死不带去的东西。所以，我们不必担心什么，放弃是一种解脱自己、回归自然的方式。懂得放弃是人生的大智慧，该放手时就放手，不要让欲望成为枷锁，否则，人生前进的路上，你将会一无所获。欲望就像是一条锁链，一个牵着一个，永远都不能满足。

在物欲横流、灯红酒绿的今天，摆在每个人面前的诱惑实在太多，特别是对有权者来说，可谓"得来全不费功夫"。这就需要我们保持清醒的头脑，勇于放弃。如果抓住想要的东西不放，甚至贪得无厌，就会给我们带来无尽的压力，令我们痛苦不安，甚至毁灭自己。

戴尔·卡耐基认为，欲望是没有止境的，如果不放下一些东西，你的身体和心灵一定会越来越沉重，直至为此粉身碎骨。懂得把握生活中的"度"的人，是理性的智者。在面对不属于自己的和自己暂时还无力获取的东西时，应当该放手时就放手。

　　放手是一种智慧，是一种豁达，它不盲目，不狭隘。只有敢于舍弃，才有机会获取更长远的利益。生命这条船载不动太多的物欲和虚荣，要想扬帆远航而不在中途搁浅或沉没，就必须轻载，把那些应该放下的，坚决果断地放下。

第十九章

焦虑——生活的恶作剧

有心理学家公开指出,威胁人类生命健康的第一号敌人不是癌症,也不是心脏病,而是焦虑,它会使人百病丛生,甚至自杀或患上精神病。由此可见,焦虑实在是自寻烦恼。

一个人的时候，你会在下雨天干什么？

A．看书。

B．睡觉。

C．因为被下雨打乱了计划而感到烦躁。

D．做一些室内活动。

解析：

A．你是一个未雨绸缪的人，但对未来思虑过多，使你逐渐产生焦虑的情绪。其实，凡事只要想到就可以了，不要过于担忧，毕竟未来是个未知数。

B．随遇而安的你很少烦恼，你清楚焦虑是多余的。

C．你是那种凡事都放不下的人，即使事情已经过去，也担心会对自己不利。此外，你的焦虑心理也很强。

D．你对生活持乐观、积极的态度，即使有烦恼，也会一笑而过，不为其所扰。

第十九章 焦虑——生活的恶作剧

焦虑是现代人的通病

　　焦虑是一种复杂的心理，它始于对某种事物的热烈期盼，形成于担心失去这些期待和希望。焦虑不只停留于内心活动中，常表现为不能集中精神工作、坐立不安、失眠或从梦中惊醒等。

　　短时间的焦虑对身心、生活、工作无甚妨碍；而长时间的焦虑能使人面容憔悴，体重下降，甚至诱发疾病，给身心健康带来影响。如果一个人久陷焦虑情绪不能自拔，内心便常常会充满不安、恐惧、烦恼，就会出现退避、消沉、冷漠等行为。而且焦虑者由于愿望受阻，常常会懊悔、自我谴责，久而久之便会导致焦虑症。

　　焦虑可谓现代人的通病。随着工作、生活的压力越来越大，现代人的焦虑心理也越来越普遍。人们因其所处的社会地位不同，焦虑的原因也大不一样。

　　对于家庭主妇来说，因为平时闲来无事，她们常会左思右想，为自己平添诸多烦恼。她们会因为自己的体重而发愁，会因为别人的一句玩笑话而苦恼，甚至会因为一件衣服买贵了而悔恨，总是免不了庸人自扰。

　　对于上班族来说，职场竞争日益激烈，工作压力不断增大，人际关系复杂多变，工作不稳定，前途不可预知，都可能让他们日益焦虑、惶恐不安。

对于父母而言，孩子的升学问题、就业问题、婚姻问题，都是至关重要的大事，思虑不周就会误其终生。此外，还有很多琐碎的小事，如孩子最近情绪不好，身体状况不佳，学习成绩有下降的趋势，等等。诸如此类的问题也令天下父母操碎了心。

对领导者而言，如何激励员工勤恳敬业，创造出更多的业绩；如何制定合理的营销手段，实现大规模的盈利；如何开拓市场，扩大业务范围等，都会让其忙得焦头烂额，心生焦虑。

焦虑让人寝食难安，心中充满了对未来的恐惧、担忧。有人说，不要忧虑，因为你的忧虑百分之九十是不会发生的，纵然真的发生，忧虑也不能解决问题。但是，多数人还是喜欢杞人忧天，导致精神萎靡，最终忧虑成疾。

有科学家对人的忧虑进行了量化统计，分析之后发现，几乎100%的忧虑都是毫无必要的。40%的忧虑是关于未来的事情，30%的忧虑是关于过去的事情，22%的忧虑来自微不足道的小事情，4%的忧虑来自我们无力改变的事实，剩下的4%则来自那些我们正在做着的事情。

有心理学家公开指出，威胁人类生命健康的第一号敌人不是癌症，也不是心脏病，而是焦虑，它会使人百病丛生，甚至自杀或患上精神病。由此可见，焦虑实在是自寻烦恼。

戴尔·卡耐基说："在纷繁复杂的现代社会，只有能保持内心平静的人，才不会变成神经病。"他告诉人们，不知道如何抗拒忧虑的人寿命就会缩短，再没有什么能够比忧虑使一个女人老得更快而

第十九章
焦虑——生活的恶作剧

摧毁她的容貌。最使你轻松愉快的是健全的信仰、睡眠、音乐和欢笑。他奉劝人们对前途要有信心，要能睡得安稳，从滑稽的一面来看待生活，这样健康和快乐才是你的。

由此可见，若想挥别焦虑，不需改变环境，只需改变自己。拥有乐观向上的积极心态，焦虑就会灰飞烟灭，不见踪影。

不为明天的事担忧

有一次，戴尔·卡耐基在帮刷洗盘子的妻子擦干碗盘时得到一种启示。他发现妻子一边洗碗一边唱歌，他看在眼里，不由得默默告诉自己："老兄！请看吧！她是多么快乐。你们结婚已经18年了，她也洗了18年的碗。如果在结婚时她就先想象此后必须洗18年碗盘，若将那些沾满油污的碗盘堆积起来连大仓库都容纳不下，如果从这种观点着眼，保证会吓退所有的新娘。"

戴尔·卡耐基发现，妻子之所以没有对洗碗感到厌烦，是因为她一次只洗一天的碗。而自己之所以烦恼，是因为经常持着"今天的碗、昨天的碗以及没用过的碗统统都要洗"的心态。

而且，戴尔·卡耐基还认识到自己的愚蠢。他每个礼拜天早上都要站在讲台上，唾沫横飞地告诉教友应该如何生活，自己却过着充满紧张、烦恼和忙碌的生活。

想到这里，他不再烦恼。没过多久，他的胃痛消失了，也和失眠绝缘了。

总结自己的成功经验，戴尔·卡耐基说："我会把昨天的不安一股脑儿抛到废纸篓里，同时我也绝不考虑在今天洗明天的脏碗盘。""烦恼是一种习惯，而我老早就已打破这种习惯。"

戴尔·卡耐基说出了许多人的心声，消除忧愁最关键的是"不要为明天忧虑，因为明天自有明天的忧虑，一天的难处一天受就足够了"。生活中充满了很多变数、很多无奈，很多人的焦虑都是为不可预知的未来：万一我生病了怎么办？万一我生意赔了怎么办……其实这些只是人们对未来作出的最坏的打算，是一种担忧，而不是事实。但很多人却因此深受困扰，仿佛自己真的已经陷入困境中难以脱身。

伟大的法国哲学家蒙田也犯过类似的错误。他说："我的生活中，曾充满可怕的不幸，而那些不幸大部分从未发生。"

对明天的过分担忧只会让你裹足不前。琉斯·帕迪特曾在他的书中写道："今天的经历不会使人疯狂，为明日之事忧愁，才会使人疯狂。"

如果一个人每天都忙于为未来的事情忧虑，还怎么能抓住今天呢？仔细想来，我们的实际生活就是现在。每一个人都无法再生活在过去，也无法生活在未来，我们唯一能把握的就是现在。过去的一去不复返，未来尚未到来。既然这样，我们何苦要悔恨过去、忧虑未来而放弃现在呢？

不要为明天忧虑，明天永远只存在于想象中，而我们只能活在今天。若是为未来思虑过多，无异于只遥望远方触不可及的事物，而忽略了当下的生活。

忧愁解决不了任何问题

很多时候，人们不是被问题所困扰，而是被自己对问题的看法所纠缠，或是难以理出头绪，或是看不到希望，或是在等待中忐忑不安。而所谓的问题，不过是前进中的一道小小的关卡，不足为惧。

犹太人曾总结说，世界上卖豆子的人应该都是无忧无虑的，因为他们无须担心豆子销售不出去。假如他们的豆子卖不完，可以拿回家制成豆浆再拿出去卖；如果豆浆卖不完，可以制成豆腐；豆腐卖不完，变硬了，就当豆腐干来卖；豆腐干再卖不出去的话，就腌起来，变成腐乳。

此外，假若豆子卖不出去，还可以把它们泡在水里，使其抽芽，改卖豆芽；若是豆芽也卖不完，那就顺其自然，让其长大些，变成豆苗；若豆苗还是滞销，还可以把它种到地里，让它结出更多新豆子。

一颗豆子无论在何种情况下都能有自己的生活方式，何况一个人呢？人起码能通过努力改变自己的命运。既然如此，我们还有什么好忧虑的呢？

明人屠隆说："若想钱而钱来，何故不想；若愁米而米至，人固当愁。晓起依旧贫穷，夜来徒多烦恼。"这段话讲的是一个再平常不过的道理：如果忧愁能换来境况的改变，那么尽管去忧愁好了，但事实上忧愁并不能使情况有任何改变，只会让人白白地添一些烦恼。

忧愁解决不了任何问题，这本是再明白不过的道理，但我们却常常会因遇到一些不顺心的事，如经济的拮据、事业的失败、恋人的背叛等而一蹶不振，陷入忧愁的牢笼中不能自拔。

然而，忧愁只会变为一种压力，沉甸甸地压在你的心上，令你心情沮丧、身心疲惫。正如高尔基所说："忧愁像磨盘似的，把生活中所有的美好都碾成枯燥、单调而又刺鼻的烟。"

另外，忧愁的人是无法专心工作的。忧愁会使人神志恍惚，反应变慢，大脑长期处于低迷状态。忧愁还会使人生病，中医书中早就指出"忧者伤神"。长期心绪不佳，胃口必然不好，体质必然虚弱。

戴尔·卡耐基说："人类不会因为工作过于疲劳而死，但却会死于浪费和忧虑。"既然忧虑非但于事无补，还会带来这么多的负面作用，我们还要它做什么呢？早些摆脱它，你就能早些快乐起来，早些看到希望。

驱散焦虑的"阴霾"

戴尔·卡耐基讲过这样一个故事：

古时候，残忍的将军要折磨他们的俘虏，常常把俘虏的手脚绑起来，放在一个不停滴水的袋子下面。水滴夜以继日地滴着，最后，这些不停滴在俘虏头上的水，变得好像是用槌子敲击的声音，使俘

第十九章
焦虑——生活的恶作剧

房精神失常。这种折磨人的方法，以前在西班牙宗教法庭和希特勒手下的德国集中营都曾被使用过。

焦虑就像不停往下滴的水，而那不停地往下滴的忧虑，通常会使人精神失常而自杀。焦虑于人的危害由此可见一斑。

庄子曰："人之生也，与忧俱生。"人的一生，各种问题、矛盾层出不穷，赔本的生意、不满意的工作、不听话的子女、患病的身体、衰老的父母、一贫如洗的家境、不可预测的未来等，太多的牵挂担忧，昨天的、今天的、明天的，都要从心头掠过。焦虑成了挥之不去的思绪，才下眉头，却上心头；剪不断，理还乱。

焦虑也有大小之分，"先天下之忧而忧"是大忧大虑，可能会成为人们发愤图强、造福百姓的契机。但有些焦虑实在毫无意义，有人却终日纠缠于此，身心俱疲，影响健康，苦不堪言。如果你也正被无谓的焦虑所困，应如何调整自己的心态呢？采用下面的方法可能会让你的焦虑到此为止。

1. 常存感恩的心。懂得感恩和付出的人通常离忧虑最远。在帮助他人中得到快乐，在忘却仇恨中品尝快乐。大凡能作出这样的选择的人，都是可以克服焦虑、走向快乐的人。

2. 切忌杞人忧天。当你担心被闪电击中，担心坐火车翻车时，想一想这些事情发生的概率，就会发觉自己有多可笑。千万不要杞人忧天，自寻烦恼。

3. 培养正确的价值观。人们常爱追逐金钱、名利、地位，以为拥有得越多就越有安全感，结果却是钱财多、权力大、焦虑更多。

人应培养正确的价值观，多做一些有意义的事，享受日光之下的劳动所得，常存喜乐之心，人生才不至于虚空。

4. 知足常乐。人不知足，就会制造许多愁苦把自己捆绑住。唯有知足才能避开焦虑的阴影。

5. 转换视角。当人在审视、思考、评价客观事物或情境时，要注意从多方面看待问题，如果单从一个角度来看，可能会引起消极的情绪体验；而如果从另一个角度来看，就可能发现它的积极意义，从而使消极的情绪转化为积极的情绪。这便是"转换视角法"的妙处。事情都有利有弊，何必将其想得那么糟糕？换个视角，常会看到另一番情景，便会转愁为喜了。

6. 让自己忙碌起来。伟大的科学家巴斯特说，在图书馆和实验室能找到平静。因为在那里，人们都埋头工作，无暇焦虑。所以，当我们想摆脱焦虑时，最简单的办法就是让自己忙碌起来。

7. 将焦虑分类。心理学专家认为，焦虑可分成两类：一类是可以通过采取措施而减轻的焦虑，另一类则是无能为力的焦虑。将自己的注意力集中于前一类，在纸上写出几个可行的解决办法并逐个筛选，最后将最佳选择付诸行动。

此外，你还可以宽慰自己：人生之路并非一帆风顺，难免会有痛苦、悲伤、绝望跟随。焦虑除了增加你的悲伤与痛苦之外，毫无用处。即使到了"山重水复疑无路"的地步，你也要勇敢地对自己说：该来的都来吧，我已尽力了！如此，即便你快乐不起来，也能保持平和的心态。

第十九章
焦虑——生活的恶作剧

你所担忧的事情有 99% 不会发生

戴尔·卡耐基的儿童时代是在密苏里州的农场里度过的。有一天,在帮母亲摘樱桃的时候,他突然哭了起来。妈妈问:"戴尔,你到底在哭什么?"他哽咽地回答道:"我怕会被活埋。"

那时候,他心里总是充满了忧虑。暴风雨来的时候,他担心被闪电击中;日子不好过的时候,他担心东西不够吃;他还怕死了之后会进地狱。他怕一个名叫山姆·怀特的男孩会割下他的两只大耳朵;他怕女孩子在他脱帽向她们鞠躬的时候取笑他;他怕将来没一个女孩子肯嫁给他;他还为结婚之后该对太太说的第一句话是什么而操心。他想象他们会在一间乡下的教堂里结婚,会坐着一辆上面垂着流苏的马车回到农庄……可是在回农庄的路上,他怎么才能够一直不停地跟她谈话呢?他该怎么办呢?他在犁田的时候,常常花几个小时想这些问题。

日子一年年过去了,他渐渐地发现,他所担心的事情中,有 99% 根本就不会发生。

事实上,我们很多人的忧虑也像戴尔·卡耐基的忧虑一样荒谬。如果计算一下我们担忧的事情发生的概率,并真正做到较长时间内不再忧虑,我想我们的忧虑中有 99% 可以消除。

美国海军常用概率统计数字鼓舞士兵的士气。一个以前当海军的人说，当他和船上的伙伴被派到一艘油轮上的时候，他们都吓坏了。这艘油轮运的都是高辛烷值汽油，他们担心，要是这艘油轮被鱼雷击中就会爆炸，并把每个人都送上西天。

可是美国海军有他们的办法。海军总部发布了一些十分精确的统计数字，指出被鱼雷击中的100艘油轮里，有60艘并没有沉到海里去，而真正沉下去的40艘里，只有5艘是在不到5分钟内沉没的。这意味着士兵有足够的时间跳下船。也就是说，死在船上的概率非常小。这说明什么呢？说明士兵所担心的事情发生的可能性很小。

这样对士气有没有帮助呢？

"知道了这些数字之后，我的担忧一扫而光。"一个士兵说。

很多人时常担心被人舍弃。很多人在中年之后会特别害怕被配偶或子女轻视或离弃，所以一遇到家庭成员对自己态度不恭，就会很敏感。也有一些人对子女能否成才感到忧虑。很多人在望子成龙、望女成凤的心理作用下，通常深恐子女不能达到他们的期望，而形成一种经常性的精神负担。

其实，你所忧虑的事情，大多都不会发生，要在忧虑摧毁你之前，先改掉忧虑的习惯，最好的办法是根据以往的经验算出一个平均概率，然后问问自己，我现在担心的事情，发生的概率有多大？

第二十章

逃避——最愚蠢的自保

英国著名剧作家毛姆说:"要使一个人显示他的本质,叫他承担一种责任是最有效的办法。"如果一个人遇到不想做的事情就选择逃避,遇到难做的事情也选择逃避,那么这样的人注定不会取得什么出色的成绩。

你是一个喜欢逃避的人吗？不妨通过下列问题测试一下，答"是"得1分，答"否"得0分。

1. 大学即将毕业时，一直找不到合适的工作，你会选择考研吗？
2. 你常感到生活压力巨大，希望能有一个意外的财运使自己过上富裕的生活吗？
3. 犯了错误后，你会一直躲在家里，羞于见人吗？
4. 在孤立无助时，你可曾有过自杀的念头？
5. 你认为自己总是时运不济吗？
6. 在一些重大场合，你是否想过找个理由尽快离开？
7. 遇到伤心事时，你会喝得酩酊大醉，希望自己永不要醒来吗？
8. 你的交际圈很小吗？
9. 你有时会为了虚荣而说谎吗？
10. 你认为自己是个自尊心很强的人吗？

解析：

如果你的总分在7分以上，说明你在生活、工作和情感上遇到难题时，不是想方设法去解决，而是想回避现实，尽快逃离现场。这样的心态，将会使你做事畏首畏尾，半途而废。其实，解决问题最好的方法就是勇敢面对。

第二十章
逃避——最愚蠢的自保

不敢面对现实的人才会逃避

鸵鸟在面对天敌的追捕时，如果料定自己已无路可逃或者无法摆脱，就会突然停下来，将头深深地埋入沙子中，以为这样就可以躲避危险。所以，有人说鸵鸟的这种行为是一种掩耳盗铃的行为，更是一种逃避现实的心理，是不敢面对问题的懦弱行为，而这就是人们平常所说的"鸵鸟心态"。

在我们的周围，有很多人都持有这种"鸵鸟心态"。他们总是不愿面对现实，或者说不愿接触现实，总是对现实中的困难和危险感到恐惧，对未来感到悲观，对自己缺乏信心，总觉得自己是个废物，总想逃避现实。他们中有的人的确遭遇了巨大的打击，面对无力挽回的结局，他们感到希望渺茫，失去了前进的动力，只有选择逃避方能减轻心中的苦痛。有些人之所以不敢正视现实，乃是因为他们内心脆弱，对社交有种恐慌，对人不信任。有些人则是因为懒散惯了，只想过一种无所事事、没有任何忧愁烦恼的日子，不想被外界打扰。还有些人可能是难以负荷过多的压力，才走上了这种所谓自我解脱的道路。

尽管都选择了逃避，但逃避的方式不尽相同。有人用烟、酒，甚至毒品麻醉自己，在一次次的刺激中寻求人生的快乐；有人沉迷于网络，幻想在虚拟的空间中找到一些安慰。当然，有人更极端，他们选择了结束自己的生命，让自己永不烦恼。

他们就这样逃避着现实，在一个个亦真亦幻的空间中生存着、喘息着、挣扎着，希望得到认可、同情、帮助，他们以为用这种方式可以把孤独、寂寞、无助、沮丧等情绪消磨殆尽。

然而，现实是根本无法逃避的，逃避只是在推卸责任，不敢面对艰辛的生活，没有改变自己的勇气和决心。逃避是悲观厌世的人生态度。成熟的人首先要懂得为自己负责，然后才能为家人负责，为感情负责，为生活负责。

戴尔·卡耐基认为，逃避并不是解决问题的方法，只是自欺欺人。逃避不会减轻烦恼，反而会增加烦恼。避苦是表面上解脱，脱苦才是根本的解脱。

逃避是简单的，闭眼就可以拒绝光明；逃避是艰难的，"抽刀断水水更流，举杯销愁愁更愁"。现实不可能因为我们的逃避而改变，时间也不可能因为我们的逃避而停止。逃避得了一时，逃避不了一世，有些事你终将要面对。所以，人应该勇于面对和承担。

逃避不一定躲得过，面对不一定最难受，孤单不一定不快乐，得到不一定能长久，失去不一定不再有，转身不一定最软弱。别急着说别无选择，别以为世上只有对与错，许多事情的答案都不是只有一个。

人生一世，有苦也有乐，你总不能妄想自己始终万事顺遂吧？当你遇到挫折时，当你不被他人理解时，当你的情感得不到宣泄时，当你被他人所欺、所辱、所骗时，千万不要采取逃避的行为。要知道，适者生存，优胜劣汰，只有那些懦弱的人才会选择通过麻痹自

第二十章
逃避——最愚蠢的自保

己来逃避现实,真的勇士敢于面对人生的风风雨雨而毫不退缩,继续前行。你可以骗别人,但骗不了自己;你可以解脱一时,却难以逃避一世。所以,直面现实才是最正确的选择。

接受无法改变的事实

戴尔·卡耐基说:"我常常想起在荷兰首都阿姆斯特丹有一家15世纪的老教堂,它的废墟上留有一行字:事情既然如此,就不会另有他样。在漫长的岁月中,你我一定会碰到一些令人不快的情况,它们既然是这样,就不可能是他样,但我们可以有所选择。我们可以把它们当作一种不可避免的情况加以接受,并且适应它们,或者我们可以用忧虑来毁灭我们的生活,甚至最后可能会弄得精神崩溃。前者在压力面前迎难而上,终能突破艰难险阻而事有所成,但是后者却逐渐走向自我毁灭的道路。其实,诚如德国著名哲学家叔本华所说的那样:能够顺从,这是你在人生旅途中最重要的一件事。"

拉莎·伯恩哈特曾是全世界观众最喜爱的女演员之一。她因摔伤而染上静脉炎、腿痉挛,医生觉得她的腿一定要锯掉,又怕她承受不了这个打击。但当她知道后,拉莎很平静地说:"如果非这样不可的话,那就只好如此了。"

在去手术室的路上,她一直背着演过的一出戏里的一幕台词。

有人问她这么做是不是为了转移自己的注意力,她说:"不是的,我是要让医生和护士高兴,他们受的压力也很大!"

当她将要被推进手术室的时候,她的儿子站在一旁痛哭,她朝他挥了挥手,高兴地说:"不要走开,我马上就回来。"

手术后,拉莎·伯恩哈特还继续环游世界,进行巡回演出,使她的观众又为她疯狂了多年。

有位哲学家说:"太阳底下所有的痛苦,有的可以解救,有的则不能。若有,就去寻找;若无,就忘掉它。"没有人能用充沛的精力,在抗拒不可避免的事情的同时,又创造一个新的生活。你只能选择一种,你可以在那些无法躲避的暴风雨中弯下身子,或者因抗拒它们而被摧折。

不论在哪一种情况下,只要还有一点挽救的机会,我们就要奋斗,否则人生不可能再有任何转机。也就是说,当我们无法以主观的力量控制事态的时候,或者尽了最大努力仍无法改变事实的时候,与其抱怨,不如平静以对。我们要学会与不公平的生活相处,在默默忍耐中开创崭新的生活。

"对某些必然之事,要轻快地接受。"在面对现实、作出种种决定的过程中,每一个人都会遇到不同程度的难题,每一个人都有感觉到自己变成牺牲品或者遭遇不公正待遇的时候,但是接受现实并不意味着我们不必尽己所能去改变现实、改变生活,恰恰相反,我们更应该这样努力去做。

第二十章
逃避——最愚蠢的自保

人活着就必须承担责任

何谓责任？责任是我们分内的事情，承担责任就是承担应当承担的任务，完成应当完成的使命，做好应当做好的工作。对男人而言，挑起家庭生活的重任是他们的责任；对女人而言，把家打理得井井有条是她们的责任；对员工而言，高效地工作是他们的责任；对母亲而言，教育好孩子是她们的责任；对犯错误的人而言，勇于改正错误，使损失降到最低是他们的责任。

人的社会地位不同，经历的事情不同，看问题的角度不同，所担当的责任也不同。但是，有些人却为一己私利而逃避责任。例如，有的人在职场上奋斗得筋疲力尽，面对巨大的压力，他们感到无所适从，便放弃工作回家休养；有人在恋爱阶段对对方关心备至，并信誓旦旦地说日后一定要与其结为连理，一旦真的面对婚姻，便消失得无影无踪；有人在父母辛辛苦苦地供养下完成学业，步入社会后又找了份很体面的工作，却因不想让别人知道自己的出身而与父母鲜有往来，甚至几年都不见一回面；有人在工作中犯了比较严重的错误，因害怕遭到领导的严厉批评而一味地推卸责任；有些人遇到难事、烦心事，一时又寻求不到解决方法，就回避问题……殊不知，不敢承担责任的人是不会被他人信任和重用的。

两个年轻人幸运地进入日本零售业巨头大荣公司上班。一次，公司例行检查所有销售账目，结果发现下属的一家零售店最近上交的营业税比之前多了许多，这让检查员非常疑惑，因为这家店面的经营业绩根本没有达到这样惊人的水平。检查员认为事有蹊跷，于是进行了严格的审查，这才发现这家店面的记账员将营业额多记了一个零。

这样的失误给公司带来了巨大的损失，上级便要求店长迅速调查事故。店长知道账目向来是由这两个年轻人记录和保管的，于是便将二人叫到办公室里问话，其中一个年轻人有些害怕，面对店长的责问，他支支吾吾地推说自己是新员工，对于工作并不熟悉，而另一个年轻人却勇敢地站了出来，表示确实是自己的过失，并愿意用月薪来补偿公司的损失。

这件事让店长对二人产生了不同的看法，往后但凡公司有培训和学习的机会，店长都会留给那个主动承担过失的年轻人，而工作同样很出色的另一个年轻人却长期遭到冷落。被冷落的年轻人觉得不服气，于是找到店长并质问对方为何如此不公平，店长淡淡地说："一个事后不愿承担责任的人，是不值得公司信任和培养的。"

英国著名剧作家毛姆说："要使一个人显示他的本质，叫他承担一种责任是最有效的办法。"如果一个人遇到不想做的事情就选择逃避，遇到难做的事情也选择逃避，那么这样的人注定不会取得什么出色的成绩。

第二十章
逃避——最愚蠢的自保

戴尔·卡耐基认为，人活着，肯定就有一些必须承担的责任，对亲友、对他人、对社会，无论哪一方面，都应该勇敢地承担起重任，不能遁世逃避，只在乎自己的感受，而忽略了他人。

逃避责任其实根本不是解决问题之道，相反，还会使你变得更加自责，变得更加郁郁寡欢，变得对一切都没有热情。你会因此失去信用，甚至连自己也觉得自己是那么不可靠。在成长的过程中，我们应当勇于承担责任，并发挥自己的潜能。唯有如此，才能真正释放自己的心灵，更为关键的是，我们还可以成就全新的自己。

作最坏的打算

微软前副总裁李开复博士说："凡事都可以做最坏的打算，置之死地而后生，然后积极去争取每个机会，哪怕是1%的机会。最后，争取到，最好；争取不到，也不要沮丧。"李开复认为，人是需要经历一些挫折和磨砺的，这样才能培养你的忧患意识，锻炼你积极进取的精神。

在2005年的跳槽官司发生时，李开复早就为此作了最坏的打算。虽然当时有很多误解和错误的报道让他确实很难过，但是到了最后，当事实证明李开复没有错时，他很快恢复了平静，大家也不再谈论这件事情。

在李开复看来，任何困难都会过去，后悔和担心是最不需要做的事情。一件事情已经发生，弥补来不及，不要后悔，要想从这件事情里学到了什么，不要再想错误。多想一分钟，都是浪费生命。担心，也是一样没有必要。

凡事都可以作最坏的打算，但一定要去争取机会。你努力了，就会有收获，如果不主动去寻求解决，就不会有意外惊喜。不争取、不努力就永远不会有机会，哪怕机会来得很容易，仍需要主动去争取。

生活中有好多东西我们无法去左右，如生存环境、工作条件、突如其来的灾难等。每个人都会遭遇很多困难。如果事情变得糟糕，或者可以换一条思路，作最坏的打算，也许阳光就在拐角的地方。

"作最坏的打算"说的是对未来最坏的可能性的把握。未来不好的可能性有很多，作了最坏的打算，其他坏的可能性也就算不了什么了。

要知道，事情的结局不会比你想象的更坏。这样一来，任何一种可能你都可以接受，都在你的承受范围之内。即使是最严重的结果，你也有了充分的心理准备。如此，你便不会被残酷的现实打击得一蹶不振，甚至逃避。

有些人之所以有着不如意的遭遇，很大程度上是由于他们个人的主观意识在起着决定性作用，他们选择了逃避。如果我们能够善待自己、接纳自己，并不断克服自身的缺陷，克服逃避心理，那么

第二十章
逃避——最愚蠢的自保

我们就能拥有完美的人生。

当然，我们所提倡的"作最坏的打算"并不是要你用悲观的眼光去看世界，而是要你能够衡量所有可能的情形，使自己处在一个可以集中精力解决所有问题的位置上。从某种意义上来讲，"作最坏的打算"能够将我们从巨大的灰色云层里拉出来，让我们不再盲目忧虑，可以使我们的双脚稳稳地站在地上。

最重要的是，任何时候你都不要退缩。如果现在不去面对问题，不去解决它，而是选择逃避，这个问题将始终伴随着你。如何把你的失望降到最低并非关键所在，心灵上能够逾越困境才是最重要的。

图书在版编目（CIP）数据

心理学与人性的弱点/徐佳九著. —2版. —北京：中国法制出版社，2019.10
（心理学世界）
ISBN 978-7-5216-0448-1

Ⅰ.①心… Ⅱ.①徐… Ⅲ.①心理交往－通俗读物 Ⅳ.①C912.11-49

中国版本图书馆CIP数据核字（2019）第170277号

策划编辑：杨 智（yangzhibnulaw@126.com）
责任编辑：王 悦（wangyuefzs@163.com）　　　　　　封面设计：周黎明

心理学与人性的弱点
XINLIXUE YU RENXING DE RUODIAN

著者/徐佳九
经销/新华书店
印刷/三河市紫恒印装有限公司
开本/710毫米×1000毫米　16开　　　　　印张/15.5　字数/216千
版次/2019年10月第2版　　　　　　　　　2019年10月第1次印刷

中国法制出版社出版
书号 ISBN 978-7-5216-0448-1　　　　　　　　　　　　定价：46.00元

北京西单横二条2号
邮政编码100031　　　　　　　　　　　　　传真：010-66031119
网址：http://www.zgfzs.com　　　　　　编辑部电话：010-66038703
市场营销部电话：010-66033393　　　　　邮购部电话：010-66033288

（如有印装质量问题，请与本社印务部联系调换。电话：010-66032926）